coleção primeiros passos 4

Afrânio Mendes Catani

O QUE É CAPITALISMO

35ª edição revisada e ampliada

editora brasiliense

copyright © by Afrânio Mendes Catani, 1979
Nenhuma parte desta publicação pode ser gravada,
armazenada em sistemas eletrônicos, fotocopiada,
reproduzida por meios mecânicos ou outros quaisquer
sem autorização prévia do editor.

Primeira edição, 1980
35ª edição revisada e ampliada, 2011
1ª reimpressão, 2014

Diretora Editorial: *Maria Teresa B. de Lima*
Editor: *Max Welcman*
Caricaturas: *Emílio Damiani*
Capa: *Mário Camerini*
Revisão: *Equipe Brasiliense*
Colaboração de texto da 1ª edição: *Adilson Marques Gennari*
Colaboração de atualização de texto 35a edição: *Sávio Cavalcante*

**Dados Internacionais de Catalogação na Publicação (CIP)
(Câmara Brasileira do Livro, SP, Brasil)**

Catani, Afrânio Mendes, 1953-
    O que é capitalismo / Afrânio M. Catani [com a
colaboração de Adilson Marques Gennari]. --
35. ed. rev. e ampl. -- São Paulo : Brasiliense,
2011. -- (Coleção primeiros passos ; 4)

    1. Capitalismo 2. Economia - Brasil I. Gennari,
Adilson Marques. II. Título. III. Série.

10-14213   CDD-330.15

Índices para catálogo sistemático:
1. Capitalismo : Economia   330.15

editora brasiliense ltda.
Rua Antônio de Barros, 1839
Tatuapé - São Paulo - SP - CEP 03401-001
www.editorabrasiliense.com.br

SUMÁRIO

I. Introdução 7

II. O capitalismo em geral 10

III. O capitalismo no Brasil 71

Indicações para leitura 135

Referências bibliográficas 138

Sobre os autores 140

*Para Bertha, Júlia e Bárbara,
filhas queridas.*

INTRODUÇÃO

Das teorias que procuram explicar o que é o capitalismo, destacam-se duas grandes correntes, representadas por Max Weber (1864-1920) e por Karl Marx (1818-1883); à primeira chamamos culturalista e à segunda, histórica, em razão dos diferentes pontos de vista dos quais elas partem para explicar os mesmos conceitos.

A primeira corrente busca explicar o capitalismo por meio de fatores externos à economia. Para M. Weber, o capitalismo se constitui a partir da herança de um modo de pensar as relações sociais (as econômicas ai compreendidas) legada pelo movimento da Reforma na Europa: do protestantismo de Lutero e mais ainda do calvinismo.

A ideia principal neste modo de pensar refere-se à extrema valorização do trabalho, da prática de uma profissão (vocação) na busca da salvação individual. A criação de riquezas pelo trabalho e poupança seria um sinal de que o indivíduo pertenceria ao grupo dos "predestinados". O conjunto dessas ideias formaria o fundamento de uma ética, elaborada pela Reforma, que implica a aceitação de princípios, normas para conduta, que seriam a expressão de uma "mentalidade" e de um "espírito" capitalista. Torna-se evidente nesta concepção do capitalismo a grande importância conferida a fatores culturais.

De acordo com M. Weber, existe capitalismo onde quer que a provisão industrial das necessidades de uma comunidade seja executada pelo método de empresa, pelo estabelecimento capitalista racional e pela contabilidade do capital.

A segunda corrente, partindo de uma perspectiva histórica, define capitalismo como sendo um determinado modo de produção de mercadorias, gerado historicamente desde o início da Idade Moderna e que encontrou sua plenitude no intenso processo de desenvolvimento industrial inglês, ao qual se chamou Revolução Industrial.

Por modo de produção entende-se tanto o modo pelo qual os meios necessários à produção são apropriados, como as relações que se estabelecem entre os homens a partir de suas vinculações ao processo de produção.

A partir dessa perspectiva, capitalismo significa não apenas um sistema de produção de mercadorias, como também um determinado sistema no qual a força de trabalho se transforma em mercadoria e se coloca no mercado como qualquer objeto de troca.

Para que exista capitalismo faz-se necessária a concentração da propriedade dos meios de produção em mãos de uma classe social e a presença de uma outra classe para a qual a venda da força de trabalho seja a única fonte de subsistência. Esses requisitos Marx demonstrou terem sido estabelecidos ao longo de um processo histórico que transformou as antigas relações econômicas dominantes no feudalismo, destruindo-as ao mesmo tempo em que se construía o capitalismo.

O que é capitalismo 9

Na primeira parte deste livro serão aprofundadas ambas as teorias anteriormente delineadas, enquanto na segunda parte será feita uma análise sobre o desenvolvimento capitalista no Brasil, sendo que o item 4 do capítulo 3, "A evolução recente da economia brasileira" foi atualizado com a colaboração de Adilson Marques Gennari, e os itens "Tendências e configurações do capitalismo: do pós-guerra ao início do século XXI" e "Capitalismo no Brasil recente — as décadas de 1990 e 2000" foram elaborados por Sávio Cavalcante.

O CAPITALISMO EM GERAL

Max Weber e o capitalismo

Em *A ética protestante e o espírito do capitalismo* e em sua *História geral da economia*, Max Weber objetivou compreender o capitalismo como civilização — a civilização do moderno mundo ocidental. Segundo Weber, apenas no Ocidente existe a *ciência* num estágio de desenvolvimento que reconhecemos como *válido*. Conhecimento e observação de grande acuidade existiam também em outras civilizações, principalmente na Índia, na China, na Babilônia e no Egito. Mas à astronomia babilônica e às outras faltava a fundamentação matemática que lhes foi dada pela primeira vez pelos gregos. À geometria da Índia faltava a prova racional. Uma química racional tem estado ausente de todas as culturas que não a ocidental.

Em todas as teorias políticas asiáticas faltava um método sistemático comparável ao de Aristóteles e inexistia qualquer

O que é capitalismo

conceito racional. Para um direito racional faltava o que é essencial a uma jurisprudência racional: o rígido esquema jurídico de pensamento dos romanos. E assim como a arte, o sistema de ensino, a organização política partidária e a instituição do parlamento, todas estas esferas estão marcadas na cultura ocidental por uma forma peculiar e determinada de racionalidade que não se faz presente nas demais civilizações.

A partir daí, Weber procurou mostrar como algumas manifestações de capitalismo também surgiram em outras culturas e igualmente tentou analisar um aspecto que particularizasse o capitalismo do Ocidente na Idade Moderna. Salienta que o *impulso para o ganho* ou a *ânsia de lucro*, de lucro monetário o mais alto possível, nada têm a ver em si com o capitalismo. "Este impulso existiu e existe entre garçons, médicos, cocheiros, artistas, prostitutas, funcionários corruptos, soldados, ladrões, cruzados, jogadores e mendigos — ou seja, em toda espécie e condições de pessoas, em todas as épocas e em todos os países da Terra, onde quer que, de alguma forma, se apresentou ou se apresenta uma possibilidade objetiva para isso." Assim, para ele, não é o *impulso para o ganho* ou a *ânsia de lucro* monetário que vão permitir que se chegue a uma diferença específica entre o capitalismo ocidental e as outras formas de capitalismo.

Comenta também que mesmo a empresa capitalista e o empreendimento capitalista existiam de longa data e em toda parte. Todavia, salienta Weber, foi no Ocidente que se desenvolveu uma gama de configurações do capitalismo que nunca existiu antes em parte alguma, e sugere que é na intenção sustentada pelo agente econômico que se deve buscar o elemento diferenciador do capitalismo ocidental. Dois atributos existem que, se não apareceram exclusivamente no capitalismo ocidental, ao menos foram por ele acentuados num nível ainda não conhecido:

1. A formação de um mercado de trabalho formalmente livre;
2. O uso da contabilidade racional.

Tais atributos estão intimamente ligados, sendo que na formação desse mercado a separação entre residência e lugar de trabalho acentua a necessidade da utilização de uma contabilidade racional, o que implica necessariamente o cálculo do custo de produção. Weber pondera que sem estes dois atributos a moderna organização racional da empresa capitalista não teria sido viável no Ocidente, e acrescenta que o que lhe vai interessar são justamente as origens desse capitalismo burguês e sua organização racional do trabalho.

De acordo com o pensamento weberiano, o capitalismo moderno pode ser caracterizado como um vasto complexo de instituições interligadas que trabalham com base mais na prática econômica racional do que na especulativa. Compreende, particularmente, empresas que operam com inversão de capitais a longo prazo; em uma oferta voluntária de trabalho, no sentido jurídico da palavra; em uma divisão de trabalho planejada no interior das empresas e em uma distribuição das funções de produção entre umas e outras mediante o funcionamento de uma economia de mercado.

Em *A ética protestante e o espírito do capitalismo* Weber começa investigando os princípios éticos que estão na base do capitalismo constituindo o que ele denomina o seu "espírito". E tais princípios são encontrados na teologia protestante, mais especificamente na teologia calvinista. A partir daí formula sua hipótese básica de trabalho, segundo a qual a vivência espiritual da doutrina e da conduta religiosa exigida pelo protestantismo

O que é capitalismo 13

teria organizado uma maneira de agir religiosa com afinidade à maneira de agir econômica, necessária para a realização de um lucro sistemático e racional.

Contrapondo-se à concepção cristã medieval preservada pelo catolicismo, que exigia como requisito fundamental o desprendimento dos bens materiais deste mundo, o protestantismo valorizava o trabalho profissional como meio de salvação do homem.

A concepção cristã medieval considerava o trabalho uma verdadeira maldição, devendo desenvolver-se apenas na medida em que o homem dele necessitasse para a sua sobrevivência, não sendo aceito, jamais, como um fim em si mesmo.

Essa concepção cristã não atribuía ao trabalho nenhum grande mérito ou significado capaz de conduzir o homem à salvação individual. Pregava, inclusive, que se o indivíduo pudesse livrar-se do trabalho em virtude de suas riquezas e dedicar-se integralmente à vida contemplativa e à oração, tanto melhor. Para esta concepção cristã a vocação do homem se realizava plenamente nessa contemplação, estado perfeito em que se unia à divindade.

No luteranismo, contudo, o termo "vocação" passa a significar algo praticamente sinônimo de "profissão". O homem é "chamado" por Deus não apenas para que tenha uma atitude contemplativa, mas sim para cumprir sua providência neste mundo por meio de seu trabalho e de sua profissão.

No calvinismo acentua-se uma valorização religiosa da atividade profissional e do trabalho; realiza-se uma recomendação ascética onde se prega a renúncia a todos os gozos e prazeres deste mundo. Segundo a pregação calvinista o homem deve combater sua tendência ao prazer e ao gozo, privando-se de todas aquelas coisas que não são estritamente necessárias para

Max Weber (1864 - 1920)

a sua subsistência ou para que possa levar um estilo de vida digno e seguro.

O calvinismo condena tudo aquilo que considera supérfluo, bem como todo tipo de pompa ou de ostentação. Em suma, condena, particularmente, tudo aquilo que implique desperdício ou esbanjamento.

Contrariamente ao católico, o calvinista valoriza particularmente o trabalho, o espírito trabalhador, não condenando o mundo em sua totalidade, mas apenas o gozo e o prazer. O calvinista considera que somente por meio do trabalho e da profissão rendem-se honras e glórias a Deus. Unicamente se Lhe desonra por meio do prazer.

Em consequência, o calvinismo difunde uma ética segundo a qual o homem deve manter uma contabilidade diária de seu tempo, de maneira que não se desperdice um minuto sequer. O desperdício de tempo em conversas ociosas, em sonhos, numa vida social intensa constitui pecado mortal, porque a duração da vida é infinitamente breve e preciosa e, em decorrência disso, o homem deve empregar todo e qualquer segundo disponível para servir a Deus e assegurar o seu lugar de "eleito".

Junto à valorização positiva do trabalho está também presente no espírito calvinista uma valorização positiva da riqueza criada por esse trabalho. Todavia, essa riqueza criada não deve ser consumida nem gozada e, tampouco, deve ser economizada, no sentido de haver entesouramento. A riqueza criada deve ser reinvestida, deve servir de estímulo para que sejam criadas novas formas de trabalho.

Nesse sentido, o capitalismo seria a cristalização objetiva destas premissas teológicas e éticas, segundo as quais o homem, em virtude de seu trabalho e da riqueza criada por esse trabalho, encontra um modo sensível e concreto de conquistar sua salvação individual.

Acabou-se por cristalizar no modo de produção capitalista a ideia de que o importante neste mundo é trabalhar para criar riqueza, e criar riqueza não para o desfrute pessoal e esbanjamento, mas sim para que se crie novamente trabalho. Essa mentalidade acabou configurando a tipologia do empresário moderno, do homem com "iniciativa", que acumula capital não para seu próprio desfrute, mas sim para criar mais riqueza, conseguindo, por meio dela, o enriquecimento da nação e o bem-estar geral. Assim é que as atuais noções de "negócio", de "empresa", de "profissão", de "ofício" estão delineadas com base nessa ética protestante, preferencialmente calvinista.

Segundo a interpretação de Weber o objetivo do capitalismo é, sempre e em todo lugar, aumentar a riqueza alcançada, aumentar o capital. E esse processo de enriquecimento constitui uma indicação segura de que se está "predestinado". E é justamente nesse ponto que é possível observar, de acordo com a concepção de Weber, as estreitas relações existentes entre as aspirações religiosas do calvinismo e as aspirações mundanas do capitalismo.

O modo de produção capitalista

Maurice Dobb, tentando conceituar o capitalismo da maneira mais simples possível, afirma que ele é um sistema em que os utensílios e as ferramentas, edifícios e matérias-primas com que é obtida a produção — capital, numa palavra — são predominantemente de propriedade privada ou individual. Em linguagem um pouco mais técnica, Karl Marx o havia definido como um modo de produção cujos meios estão nas mãos dos capitalistas, que constituem uma *classe* distinta da sociedade.

O que é capitalismo

Segundo Marx, propriedade privada, divisão social do trabalho e troca são características fundamentais da sociedade produtora de mercadorias. E à produção de mercadorias dedicam-se os produtores independentes privados que *possuem* a sua força de trabalho, os seus meios de produção e os produtos resultantes do seu trabalho.

A divisão social do trabalho é outra condição prévia característica de uma sociedade capitalista. Como nessa sociedade o indivíduo não tem todas as profissões necessárias para satisfazer as suas múltiplas necessidades (de alimentação, de vestuário, de habitação, de meios de produção etc.), uma vez que ele possui apenas uma profissão, só consegue subsistir se puder simultaneamente adquirir os produtos do trabalho de outrem. Como nessa sociedade cada pessoa tem uma profissão particular, todos dependem uns dos outros, e isto decorre da divisão do trabalho no seio da produção mercantil.

Os produtos dos diferentes trabalhos privados têm de ser, na sociedade capitalista, trocados. A troca é condição necessária para a subsistência de todos na sociedade, e esse produto a ser trocado, resultado do trabalho, denomina-se mercadoria. Assim, um produto do trabalho só se torna mercadoria num quadro de condições sociais em que imperem a propriedade privada, a divisão social do trabalho e a troca, não podendo ser considerado como tal caso não se verifiquem essas três condições.

No capítulo inicial da clássica obra de Marx, *O Capital*, a mercadoria é concebida, em primeiro lugar, como uma coisa ou um objeto que satisfaz uma necessidade qualquer do homem; em segundo lugar, como uma coisa que se pode trocar por outra. A utilidade de uma coisa faz dela um *valor de uso,* isto é, tem uma utilidade específica para o seu consumidor.

Consequentemente, pode-se afirmar que as mercadorias diferenciam-se umas das outras pelo seu valor de uso, uma vez que a cada necessidade específica corresponde uma mercadoria com características específicas. Por sua vez o *valor de troca* (ou simplesmente o *valor*) poderia ser caracterizado como sendo a relação ou a proporção na troca de um certo número de valores de uso de uma espécie contra um certo número de valores de uso de outra espécie. Segundo Lenin, "a experiência quotidiana mostra-nos que, por meio de milhões, de milhares de milhões de trocas desse tipo, se comparam incessantemente os valores de uso mais diversos e mais díspares".

Se eu trocar, por exemplo, duas mesas por um casaco, porque sou marceneiro e só produzo mesas mas preciso de um casaco para enfrentar o frio, estarei equiparando o produto do meu trabalho como marceneiro — isto é, duas mesas — ao casaco que desejo comprar.

Quando duas coisas são equivalentes e equiparáveis, tais coisas são iguais. Todavia, verifica-se que as mercadorias permutadas têm diferenças entre si, não são iguais. Que há de comum entre coisas diferentes, que são tornadas constantemente equivalentes num determinado sistema de relações sociais?

O que elas têm em comum é o fato de serem *produtos do trabalho*. Enquanto valores de uso, as mercadorias são produto de um trabalho prático específico: as mesas são produto do trabalho do marceneiro, um casaco é produto do trabalho do alfaiate etc. Da mesma forma que os valores de uso dos produtos específicos são diferentes, as diferentes espécies de trabalho necessárias à sua produção também não são iguais.

Não obstante, todas as mercadorias são produto do trabalho humano geral, relativamente ao qual são todas iguais. Isto porque enquanto trabalho geral em si, e como tais, todas as profissões são iguais, pois todas, por mais diferentes que sejam, constituem uma aplicação e um dispêndio de força de trabalho. A qualidade comum existente é o fato de ter havido pessoas que despenderam força de trabalho para a sua produção.

Na troca, o trabalho particular do marceneiro e o do alfaiate tornam-se equivalentes, ou seja, estão sendo trocados produtos específicos de trabalho. Consequentemente, o que é comum a todas as mercadorias não é o trabalho concreto de um ramo de produção determinado, não é o trabalho de um gênero particular, mas o trabalho humano *abstrato,* o trabalho humano em geral.

Segundo Lênin, "numa dada sociedade, toda a força de trabalho representada pela soma dos valores de todas as mercadorias constitui uma só e mesma força de trabalho humano; milhares de milhões de atos de troca o demonstram. Cada mercadoria considerada isoladamente não representa, portanto, senão uma certa parte do tempo de trabalho *socialmente necessário.*

A grandeza do valor é determinada pela quantidade de trabalho socialmente necessária ou pelo tempo de trabalho socialmente necessário para a produção de determinada mercadoria, de determinado valor de uso". E citando uma conhecida passagem de Marx acrescenta: "Ao equiparar os seus diversos produtos na troca como valores, os homens equiparam os seus diversos trabalhos como trabalho humano. Não se dão conta, mas fazem-no".

Dessa maneira, retomando e ampliando, toda mercadoria isolada é simultaneamente *valor de uso* e *valor de troca,* conforme for encarada como produto de um trabalho específico, concreto, útil (trabalho *concreto, individual)* ou como resultado de um trabalho diretamente equivalente (trabalho *geral, abstrato).* As mesas e o casaco diferem entre si na sua qualidade de valores de uso, mas como valores são equivalentes.

Assim, as mercadorias têm que ser consideradas de um duplo ponto de vista, como valores de uso, por um lado, e como valores, por outro. Esta dualidade de pontos de vista resulta do caráter duplo da própria mercadoria: o seu valor de uso e o seu valor de troca (ou apenas valor).

O valor é resultado de trabalho humano abstrato, de trabalho em geral, e é este trabalho — denominador comum de todas as mercadorias — que permite compará--las e trocá-las em determinadas proporções.

Supondo-se que sejam trocadas duas mesas por um casaco (2 mesas = 1 casaco) e que para se produzir uma mesa é necessária uma hora de trabalho (humano abstrato), nesse caso a quantidade de valor existente em duas mesas seria exatamente de duas horas. A confecção do casaco leva duas vezes o tempo da de uma mesa, isto é, duas horas, donde se pode concluir que o valor de uma mercadoria aumenta proporcionalmente à quantidade de tempo necessária à sua produção.

Assim, o *valor da mercadoria é determinado pelo tempo de trabalho necessário à sua produção.* Entretanto, isso não quer dizer que o produto de um trabalhador mais lento ou preguiçoso valha mais do que o produto de um trabalhador mais rápido. Isto porque não se pode tomar como padrão para a produção de valor a produtividade individual de um único produtor tomado isoladamente. Trata-se aqui de um trabalho *médio,* chamado *socialmente necessário.* Resulta que *o valor da mercadoria é determinado pelo tempo socialmente necessário para a sua produção;* é este o padrão que determina a quantidade de valor das mercadorias.

Após estudar a natureza dupla da mercadoria — os seus valores de uso e de troca — e verificar que a quantidade de valor é determinada pela quantidade de tempo de trabalho socialmente necessário para a produção de determinada mercadoria, Marx entrega-se à tarefa de investigar a origem da forma dinheiro do valor, estudando o *processo histórico* do desenvolvimento da troca. Começa pelos atos de troca particulares e fortuitos *forma simples, particular ou acidental do valor*: uma quantidade determinada de uma mercadoria é trocada por uma quantidade determinada de outra mercadoria), para passar à forma geral do valor, quando várias mercadorias diferentes são trocadas por uma só mercadoria determinada, finalizando pela forma dinheiro do valor, em que o ouro aparece como essa mercadoria determinada, como o equivalente geral.

Pode-se afirmar, para o caso da *forma simples* ou *elementar do valor*, que duas mercadorias que são comparadas manifestam valores de uso diferentes e valores iguais. Supondo-se a seguinte equação de troca:

2 mesas = 1 casaco (forma elementar do valor),

tem-se que o *valor de uso* casaco representa o *valor* de 2 mesas, e que, portanto, duas mesas valem um casaco. A mercadoria que representa o valor da outra — o casaco, neste caso — chama-se *equivalente*. Neste exemplo, o casaco é o equivalente das mesas, isto é, além de possuir um valor de uso (como peça para o vestuário), serve também de equivalente.

O *Guia para a leitura do Capital*, obra coletiva da Universidade de Berlim, explicita melhor o que foi dito sobre a forma elementar do valor com as seguintes palavras: "O alfaiate produziu um equivalente, isto é, sobretudo valor, porque o casaco não tem valor de uso para ele; uma vez que é produtor de mercadorias e produz exclusivamente para o mercado, o alfaiate só pode utilizar o casaco como meio de troca.

O alfaiate produz uma mercadoria equivalente para trocar pelas mesas de que necessita. Por conseguinte, sempre que as pessoas produzem para a troca, produzem equivalentes, isto é, meros valores...". Mas esse exemplo apresenta uma dificuldade: ambos os produtores de mercadorias, o marceneiro e o alfaiate, trocam as suas mercadorias *diretamente*. Esse método só funciona desde que as mesas tenham valor de uso para o alfaiate e o casaco tenha valor de uso para o marceneiro.

Assim, a troca realiza-se apenas porque ambos os produtores podem satisfazer as suas necessidades específicas com o valor de uso produzido precisamente pela outra parte — ou seja, isto se dá por um puro acaso. Todavia, o marceneiro, como qualquer outro homem, tem mais algumas necessidades adicionais, precisa de mais coisas além do simples casaco. Suponha-se então que com suas duas mesas pudesse adquirir também 500 quilos de batatas, ou três pares de sapatos, ou cinco garrafas de aguardente, ou 20 metros de tecido de algodão, ou 10 gramas de ouro:

$$2 \text{ mesas} = \begin{cases} 1 \text{ casaco ou} \\ 500 \text{ quilos de batata ou} \\ 3 \text{ pares de sapatos ou} \\ 5 \text{ garrafas de aguardente ou} \\ 20 \text{ metros de algodão ou} \\ 10 \text{ gramas de ouro} \end{cases}$$

(forma desenvolvida do valor)

Nesse caso, as mesas teriam tantos equivalentes possíveis quantas mercadorias o marceneiro pudesse escolher. No entanto, o marceneiro só poderia trocar as suas cadeiras se os outros produtores — neste caso o alfaiate, o agricultor, o sapateiro, o destilador, o tecelão ou o pesquisador de ouro — quisessem adquirir mesas. Por outro lado, para o pesquisador de ouro isso significaria que ele só poderia adquirir mesas, casacos, batatas, sapatos, aguardente ou tecidos de algodão, caso o marceneiro, o alfaiate, o agricultor, o sapateiro, o destilador ou o tecelão desejassem 10 gramas de ouro:

>   2 mesas ou
>   1 casaco ou
> 10 gramas   500 quilos de batatas ou
> de ouro = 3 pares de sapatos ou
>   5 garrafas de aguardente ou
>   20 metros de algodão
>   (forma desenvolvida do valor)

Nessa fórmula nenhuma das mercadorias constitui um valor de uso para os seus proprietários, mas aparece como valor de uso para aqueles que não são seus proprietários. Entretanto, se um marceneiro trocar as suas mesas por muitas outras mercadorias, representando assim os seus valores por um certo número de outros valores de uso, todos os outros produtores de mercadorias poderão também permutar os bens de que dispõem por mesas e representar os valores das suas mercadorias numa única e terceira mercadoria, nomeadamente em mesas:

> 1 casaco ou
> 500 quilos de batatas ou
> 3 pares de sapatos ou
> 5 garrafas de aguardente ou = 2 mesas
> 20 metros de algodão ou
> 10 gramas de ouro
> (forma geral do valor)

ou:

2 mesas ou
1 casaco ou
500 quilos de batata ou
3 pares de sapatos ou = 10 gramas
5 garrafas de aguardente ou de ouro
20 metros de algodão
(forma geral do valor)

No exemplo que se está explorando, as mesas (ou o ouro) representam agora os valores de todas as outras mercadorias. Estas exprimem os seus valores coletivamente numa mercadoria separada que se torna assim o *equivalente geral* ou comum para *todas as* outras mercadorias. Esta mercadoria é o *dinheiro* (ouro). Antes de desempenhar realmente o papel de dinheiro, uma mercadoria tem que ser socialmente reconhecida como mercadoria-dinheiro. É dinheiro a partir do momento em que é a *única* mercadoria na sociedade que funciona como equivalente geral.

Sobre que mercadoria recairá a função do dinheiro é *coisa* que dependerá da forma como os produtores habitualmente exprimem os valores dos seus produtos, quer dizer, dependerá de ser o gado, as conchas, as peles, os cigarros, um metal precioso ou o peixe que exprimam o valor. Aquilo a que se chama *prática comum* é um processo que — segundo Marx — desenvolve-se a partir da prática diária, independente do planejamento consciente e da consciência dos produtores isolados. Consequentemente, é equivocada a opinião segundo a qual o dinheiro foi conscientemente inventado pelos produtores e introduzido como um dispositivo técnico destinado a fazer frente às dificuldades do processo de troca.

Segundo o *Guia para a leitura do Capital,* "historicamente, foi o *ouro* que se tornou a mercadoria-dinheiro na sociedade burguesa; para o produtor de ouro é também mercadoria específica o que ele produz. Assim, o ouro tem um papel duplo: é um metal precioso que serve para fazer artigos de joalheria, para confeccionar dentes postiços etc., e é o equivalente geral, o meio de troca geral".

II

Embora o dinheiro seja apenas uma mercadoria especial, é uma mercadoria com uma função definida que se desenvolve por meio do processo de troca. As mercadorias específicas já não se defrontam mutuamente na troca, antes são permutadas por dinheiro. A troca, consequentemente, cinde-se em duas partes: a transformação da mercadoria em dinheiro (venda) e do dinheiro em mercadoria (compra). Assim, o dinheiro é o intermediário da troca de mercadorias, servindo como meio de circulação:

Mercadoria (M) — Dinheiro (D) — Mercadoria (M)
M-D-M

Nesse caso, cada uma das partes já não tem, de modo necessário, que consumir mutuamente as mercadorias da outra para que a troca prossiga: o possuidor de mercadorias *(A)* procura alguém *(B)* que deseje a sua mercadoria. *B* tem que ter dinheiro; *A* receberá o dinheiro de *B* e procurará uma terceira pessoa *(C)* ou várias outras a quem tentará comprar mercadorias com o dinheiro recebido. A compra e a venda já não ocorrem ao mesmo tempo e, sendo assim, a troca torna-se mais móvel e maleável, tanto mais quanto se podem fazer várias compras simultaneamente com o dinheiro.

Essa circulação simples de mercadorias (M — D — M) é um processo completo em si, pois por meio dele um produtor troca a sua mercadoria por dinheiro, que já não tem valor de uso para ele, e com esse dinheiro compra mercadorias que satisfaçam as suas necessidades, mercadorias essas que para ele terão valor de uso.

Todavia, se o dono do dinheiro compra mercadorias e volta a vendê-las posteriormente, o processo de troca transforma-se em D — M/M — D ou, mais simplesmente, em D — M — D. Acontece, porém, que esse processo (D — M — D) parece não ter sentido, uma vez que no seu final o proprietário de dinheiro não tem um centavo a mais do que no princípio, nem recebe em troca um valor de uso — como ocorre no caso anterior.

Ainda mais: no processo D — M — D, tal proprietário expõe o seu dinheiro aos riscos do mercado, sem ter muitas garantias de que conseguirá voltar a vender as mercadorias que comprou ao mesmo preço. Sobre tal processo (D — M — D) de circulação, Marx escreve em *O Capital:* "o dinheiro que circula desta (...) maneira transforma-se assim em capital, torna-se capital". Assim antes de prosseguirmos, torna-se necessária a análise das diferenças existentes entre as características que lhes são comuns.

Pode-se afirmar que é comum às duas circulações o fato de consistirem numa compra e numa venda e de, além disso, na permuta M — D e D — M, os valores trocados serem iguais. A circulação M — D — M caracteriza-se pelo fato de haver valores de uso com diferentes qualidades no princípio e no fim do processo, sendo o objetivo da troca o consumo de valores de uso.

Sob esse ponto de vista, a circulação D — M — D começa e termina pelo dinheiro, o próprio valor de troca. Contudo,

O que é capitalismo 27

como aqui só o dinheiro interessa, esse tipo de troca só fará sentido se o possuidor de dinheiro receber no fim mais dinheiro do que aquele com que entrou inicialmente.

Em consequência, a circulação D — M — D é um movimento com base no dinheiro — e significa não D — M — D, mas D — M — D, querendo-se com D exprimir a quantidade final de dinheiro. E esta quantidade de dinheiro deverá ser maior do que a quantidade de dinheiro inicial (D). "É a este acréscimo do valor primitivo do dinheiro posto em circulação que Marx chama *mais-valia*", conforme escreve Lênin. *Só por este processo de expansão do valor, de valorização, o dinheiro se transforma realmente em capital.*

Esse processo de expansão não tem limites, uma vez que, enquanto o fim da circulação M — D — M é obter o valor de uso, isto é, satisfazer uma necessidade de determinada qualidade e quantidade limitada, o princípio e o fim da circulação D — M — D são uma e a mesma coisa, isto é, dinheiro. Mas a soma de dinheiro tem que ser maior no fim do processo do que no princípio e, consequentemente, o processo de expansão do capital não conhece limites.

Segundo Marx, a *mais-valia* não pode provir da circulação das mercadorias, porque esta só conhece a troca de equivalentes. Conforme se procurou mostrar páginas atrás, o valor de uma mercadoria é determinado pelo tempo de trabalho socialmente necessário para a sua produção, e, assim sendo, no processo de troca não se tem a criação de um valor adicional.

Tampouco a mais-valia poderia provir de um aumento dos preços, porque as perdas e os lucros recíprocos dos compradores e dos vendedores tenderiam a equilibrar-se. Para se obter a mais-valia, de acordo com Marx, "seria preciso que o possuidor do dinheiro descobrisse no mercado uma mercadoria cujo valor de uso fosse dotado da propriedade singular de ser fonte de valor", uma mercadoria cujo processo de consumo fosse, ao mesmo tempo, um processo de criação de valor; criação de mais-valia. E essa mercadoria existe: *é a força de trabalho humana*. O seu uso é o trabalho, e o trabalho cria valor.

No entanto, a força de trabalho dos homens não foi sempre mercadoria, nem em todas as épocas nem em todas as relações sociais de produção. Como exemplo pode-se citar o caso do artesão: trata-se de um produtor *independente,* que vende o seu produto e *não vende a sua força de trabalho,* a qual, portanto, não é mercadoria. Isto se torna possível porque o artesão é dono tanto de seu trabalho como de seus *meios de produção,* quer dizer, é dono de seus instrumentos e da matéria-prima que vai usar; em consequência, é dono também do produto que o seu trabalho produziu.

A expansão capitalista, entretanto, liquidou a maior parte dos artesãos, que não puderam concorrer com as fábricas sempre crescentes. Endividavam-se e perdiam os seus meios de produção, até que nada lhes restasse para vender, a *não ser* a *sua força de trabalho* (sua força física, mais o seu cérebro). Sem os meios de produção a força de trabalho tem pouca utilidade. Separada de seus meios de produção, a classe trabalhadora passou a depender, para o seu trabalho, da classe dos capitalistas, isto é, da classe dos proprietários dos meios de produção.

Assim, o *trabalhador foi forçado a procurar o capitalista para vender-lhe a sua força de trabalho, em troca de um salário.* O *artesão* transformou-se em *assalariado,* passando a vender a sua força de trabalho, por dia, por semana ou por mês. Foi o que fizeram os artesãos arruinados, e também os camponeses, que o capitalismo expulsava e expulsa de suas terras. Surgia desse modo a grande massa proletarizada e pobre das cidades, cuja

O que é capitalismo 29

única mercadoria são os seus músculos e o seu cérebro.

No sistema capitalista, portanto, a força de trabalho humana é uma mercadoria. E como todas as coisas tornam-se mercadorias ao serem trocadas por produtos de igual valor, a força de trabalho torna-se também mercadoria ao ser trocada por dinheiro.

O valor de cada mercadoria é determinado pelo tempo de trabalho necessário à sua produção e manutenção. No caso da força de trabalho, esta não pode ser separada do operário a que pertence, sendo que a produção e a manutenção da força de trabalho é a produção e subsistência do próprio trabalhador.

Marx é categórico a esse respeito ao afirmar que "o valor da força de trabalho é o valor dos meios de subsistência necessários para a manutenção do trabalhador", ou seja, para que o conjunto da classe operária produza a sua força de trabalho é necessário que ela esteja e continue viva, isto é, que se alimente, durma, se agasalhe e se reproduza. Sem isso não poderia voltar diariamente aos latifúndios e às fábricas do capital, para lá vender a sua força de trabalho.

Em seu arguto *Didatismo e literatura* ("Um folheto de Bertha Dunkel") Roberto Schwarz pondera: "... enquanto cresce, estuda e trabalha, o homem consome uma certa quantidade de mercadorias, que pode ser medida em tempo de trabalho. *Medindo este valor, estaremos medindo, indiretamente, o valor da força de trabalho.* Casa, comida, roupa e educação, entretanto, podem ser boas e podem ser ruins. Em regime capitalista, porque a oferta de mão de obra tende a ser maior do que a procura, o trabalhador é forçado a bastar-se com o mínimo vital, para não perder o emprego. De modo que sua casa, comida, roupa e educação serão ruins. *Portanto, o valor da força de trabalho é igual ao valor dos meios de subsistência, principalmente gêneros de primeira necessidade, indispensáveis à reprodução da classe operária"*. E esse valor é pago no salário, que deve dar apenas para o estritamente indispensável: a sobrevivência e o mínimo de educação necessários ao futuro trabalhador.

É esse o círculo vicioso do capitalismo, em que o assalariado vende a sua força de trabalho para sobreviver, e o capitalista lhe compra a força de trabalho para enriquecer. A razão do círculo vicioso está na *mais-valia,* que será mais bem explicitada a partir de agora.

Tendo comprado a mercadoria força de trabalho, o possuidor do dinheiro fica com o direito de a consumir, isto é, de a obrigar a trabalhar durante um dia inteiro. Já se afirmou que o valor da força de trabalho é igual ao valor dos meios de subsistência indispensáveis à reprodução da classe operária. Suponha-se que a produção desses meios de subsistência, necessários ao trabalhador médio, leve em média 4 horas de trabalho. Suponha-se também que o preço de 4 horas de trabalho seja 100 cruzados.

Trabalhando 4 horas por dia (tempo de trabalho "necessário") o trabalhador produz os seus meios de subsistência, ou um produto de igual valor ao de seus meios de subsistência. Entretanto, o operário é obrigado a trabalhar muito mais do que as 4 horas necessárias. Trabalha, por exemplo, 8 horas por *dia,* produzindo muito mais do que consome, *produzindo um excedente.*

No exemplo citado, o operário produz durante 4 horas (tempo de trabalho *suplementar*) um "sobreproduto" não retribuído pelo capitalista que constitui a *mais-valia.* Ou seja, o capitalista consome a força de trabalho fazendo com que ela trabalhe e produza durante um dia normal de 8 horas. Todavia, *o capitalista paga por 4 horas de trabalho, mas recebeu 8.* As 4 horas que não foram pagas, as horas de *trabalho excedente, são a mais-valia do capitalista.* Essa troca desigual, repetida milhares de vezes com milhares de operários ao longo dos anos, é a mola e a essência desse sistema de exploração.

Conforme se procurou mostrar anteriormente, o trabalhador não tem o que vender para sobreviver, a não ser a sua *força de trabalho*. Portanto, é forçado pela fome, ou mesmo pela repressão organizada, a concordar com o salário que os patrões propõem. No espaço de um dia, de uma semana ou de um mês de trabalho, o trabalhador produz muito mais do que o seu salário, e essa diferença — entre o valor do que produz e o valor de seu salário —, chamada *mais-valia, é* apropriada pela classe capitalista e é a substância de *toda* a sua riqueza.

Utilizando um exemplo bastante feliz de Roberto Schwarz, pode-se afirmar que "assim como um boi produz mais do que consome, e enriquece o seu dono, a classe trabalhadora produz mais-valia do que consome, e enriquece os proprietários dos meios de produção. Desse modo, *os trabalhadores são os bois do sistema capitalista:* consomem apenas uma parte do que produzem, a parte necessária para que continuem vivos e trabalhando; a outra parte, a mais-valia, é apropriada pela burguesia, *que vive às custas da classe trabalhadora"*.

Para que se possa aprofundar um pouco mais as considerações realizadas acerca do capitalismo é necessário distinguir, do ponto de vista do processo de produção, duas partes do capital: o capital constante e o capital variável. O capitalista investiu o seu capital-dinheiro em meios de produção e força de trabalho, dois elementos do processo de trabalho que desempenham papéis diferentes no processo de formação do valor de produto e especialmente na formação da mais-valia. Todavia, os meios de produção e a força de trabalho desempenham funções totalmente distintas no processo de valorização, na produção de mais-valia.

Os meios de produção (máquinas, instrumentos de trabalho, matérias-primas) são transformados em produtos pela força de trabalho, e o seu valor é assim transferido sem modificação para o produto acabado. Por isso Marx o chama *capital constante*. Já o mesmo não se passa com a força de trabalho, cujo valor é determinado pelo valor dos meios de subsistência necessários. No entanto, no processo de produção capitalista não é o valor da força de trabalho que opera, mas sim o seu valor de uso, o trabalho vivo, o qual cria um novo valor no processo de produção, um valor mais elevado que a soma de capital originalmente transformado em força de trabalho.

Consequentemente, chama-se *capital variável* a essa fração do capital investido na força de trabalho, que aumenta no processo de trabalho, criando mais-valia. E para se exprimir o grau de exploração da força de trabalho pelo capital tem-se que comparar a mais-valia não com o capital total, mas unicamente com o capital variável. A taxa de mais-valia — nome dado por Marx a essa relação — pode ser assim representada:

taxa de mais-valia = mais-valia
capital variável

Segundo Marx, o aumento da mais-valia é possível graças a dois processos fundamentais: o prolongamento da jornada de trabalho (*mais-valia absoluta*) e a redução do tempo de trabalho necessário (*mais-valia relativa*). Marx, ao analisar o processo de prolongamento da jornada de trabalho, traça um quadro grandioso da luta da classe operária pela redução da jornada de trabalho e da intervenção do poder de Estado, primeiro para prolongá-la (século XIV a XVII) e depois para reduzi-la (legislação fabril do século XIX).

O que é capitalismo 33

Acrescenta Lênin que "depois da publicação de *O Capital* a história do movimento operário, em todos os Países civilizados, fornece milhares e milhares de novos fatos que ilustram esse quadro". Na sua análise da produção da mais-valia relativa, Marx estuda as três etapas históricas fundamentais no processo de intensificação da produtividade do trabalho pelo capitalismo, quais sejam:

1. a cooperação simples;
2. a divisão do trabalho e a manufatura;
3. as máquinas e a grande indústria.

A profundidade com que a análise de Marx revela os traços fundamentais e típicos do desenvolvimento do capitalismo aparece, entre outras coisas, no fato de o estudo da chamada indústria artesanal russa fornecer materiais muito abundantes para ilustrar as duas primeiras dessas três etapas. De acordo com Lenin, a ação revolucionária da grande indústria mecanizada, descrita por Marx em 1867, manifestou-se em vários países "novos", como por exemplo Rússia e Japão.

Mas o que há de novo e extremamente importante em Marx é a análise da *acumulação do capital,* isto é da transformação de uma parte da mais-valia em capital e do seu emprego não para satisfazer as necessidades pessoais ou caprichos do capitalista, mas para voltar a produzir.

Marx assinalou o erro de toda a economia política clássica anterior (desde Adam Smith), segundo a qual toda a mais-valia que se convertia em capital passava a fazer parte do capital variável, quando, na realidade, ela se decompõe em *meios de produção* e em capital variável. O crescimento mais rápido da parte do capital constante (no montante total do capital) em relação à parte do capital variável tem, no processo de desenvolvimento do capitalismo, uma importância primordial.

III

Assim, recuperando o exposto até o momento neste subtítulo, Marx analisa a mercadoria com as suas duas funções, a de valor de uso e a de valor de troca, antes de mostrar como o dinheiro converte-se em capital a partir do momento em que a força de trabalho humano converte-se em mercadoria. Passa então a estudar a importante questão da forma como se produz a mais-valia, ou seja, modo como é produzida pelos operários e apropriada pelos capitalistas. O passo seguinte consiste em deduzir como a relação entre o capital e o trabalho se altera quando se encara o processo de produção capitalista como um processo contínuo, um processo que se repete ininterruptamente.

Não basta que uma soma de dinheiro se valorize apenas *uma vez*. Terá de expandir continuamente o seu valor e numa escala progressivamente ampliada. No *Guia para a leitura do Capital* lê-se que a concorrência que força cada capitalista individual a observar esta tendência imanente do capital.

Para sobreviver, aquele tem que expandir constantemente a sua fábrica, quer dizer, converter constantemente uma grande parte da mais-valia produzida em capital adicional, e comprar meios de produção e força de trabalho suplementares". Acrescenta Marx que "à utilização da mais-valia como capital, a sua reconversão em capital, chama-se *acumulação de capital*". *A produção de mais-valia só poderá aumentar continuamente por uma acumulação ininterrupta. Inversamente, tal acumulação só possível por um constante aumento da produção de mais-valia.*

Os fatores de produção comprados pelo capitalista (meios de produção e força de trabalho) têm que desempenhar a função de fatores de trabalho e fatores de valorização do capital, e o nível das forças produtivas determina a proporção entre a quantidade de meios de produção e a força de trabalho, que corresponde a uma razão determinada entre os valores do capital constante e do capital variável.

Segundo Marx, quando a produtividade do trabalho aumenta graças a algum melhoramento técnico — isto é, quando o operário passa a produzir mais do que antes durante o mesmo período de tempo — utiliza-se maior quantidade de meios de produção. Por conseguinte, a razão entre os meios de produção e a força de trabalho e entre o capital constante e o capital variável sofre uma alteração.

Quando um determinado aumento da produtividade do trabalho leva a uma modificação da razão entre o capital constante e o capital variável, Marx fala do *aumento da composição orgânica do capital*. À medida que a quantidade de meios de produção aumenta com relação à massa da força de trabalho, sob o aspecto do valor, o capital constante aumenta e o capital variável se reduz.

Por exemplo, suponha-se uma soma de capital de 100 cruzados, dos quais 80 formam o capital constante e 20 o capital variável. Quando a produtividade do trabalho aumenta a porção do capital constante de 80 para 90 cruzados, tem-se que o capital variável baixa para 10 cruzados. A seguir, mostrar-se-á como a acumulação se acelera ainda mais por meio da centralização do capital.

Marx deixa claro em *O Capital* que o movimento do capital não se esgota na acumulação, isto é, na ininterrupta transformação da mais-valia em capital suplementar. Há uma feroz luta concorrencial entre os capitalistas individuais, que se esforçam para produzir a maior quantidade possível de mercadorias e vendê-las ao menor preço. Nessa concorrência saem vitoriosos os capitalistas que tiverem criado as melhores condições de produção. As pequenas e médias empresas são compradas pelas maiores, ou ainda duas grandes firmas unem-se para eliminar uma terceira. Marx denomina esse processo de *centralização* do capital. E a centralização de vários pequenos capitais em um só, mas maior, acelera a acumulação do capital: os capitais de maior dimensão estão em melhores condições financeiras do que os de menor dimensão para produzir nova maquinaria e aperfeiçoamentos técnicos.

Assim, a produtividade do trabalho cresce muito mais rapidamente nas grandes empresas capitalistas, aumentando portanto a quantidade de mais-valia e de capital que pode ser acumulada. Esse valor mais elevado permite introduzir novos métodos de produção, e tal fato acarreta uma renovada aceleração do crescimento da composição orgânica do capital. Marx afirma que "as massas de capital que se fundem de um momento para outro pela centralização reproduzem-se e multiplicam-se tal como as outras, só que mais rapidamente, tornando-se portanto novas e poderosas alavancas de acumulação social, incluindo tacitamente nisto os efeitos da centralização".

O crescimento ininterrupto da composição orgânica do capital significa que o capital variável diminui relativamente ao capital constante. Alcançada maior produtividade do trabalho, os operários produzem uma quantidade de produtos maior do que antes, no mesmo período de tempo. Fazem maior sobretrabalho e produzem maior montante de mais-valia acumulável.

O capital que se expande pela acumulação tem que transformar parte da mais-valia em capital constante e outra parte em capital variável, podendo-se conseguir isso de duas maneiras: ou pura e simplesmente se alarga a escala de produção, permanecendo constante o nível técnico, ou introduzem-se aperfeiçoamentos técnicos, e, nesse caso, o número de operários diminui relativamente. Uma parte dos trabalhadores não poderá mais vender a sua força de trabalho e perderá os seus empregos. Marx, designa esta fração da classe operária por *exército industrial de reserva*.

A produção nem sempre alcança o seu máximo (ou o seu pleno) havendo máquinas paradas e matérias-primas acumuladas nas instalações da empresa. Em consequência disso, muitos trabalhadores são despedidos. Quando nem todas as mercadorias da empresa conseguem ser escoadas para o mercado e transformadas em dinheiro, ocorre uma diminuição da acumulação.

O processo de acumulação capitalista segue uma trajetória de constantes altos e baixos, em que períodos de negócios florescentes alternam-se com a estagnação e as quebras do mercado. Marx designa esse movimento por *ciclo* industrial (habitualmente chamado também de ciclo econômico). Esse ciclo é constituído por cinco fases que se seguem umas às outras e indicam a respectiva situação da produção: Marx designa essas fases de períodos de atividade moderada, de prosperidade, de superprodução, de crise e de estagnação.

A procura do trabalho por parte do capital aumenta ou diminui conforme o estado dos negócios. Na fase de prosperidade e superprodução, pode acontecer de a procura de trabalho exceder a oferta. Nessa situação, os trabalhadores que anteriormente formavam o exército industrial de reserva encontram empregos e os salários sobem, porque o capital precisa de mais trabalhadores do que os que há.

Todavia, num período de crise ou numa situação de restrição da produção, os trabalhadores são despedidos em grandes quantidades e o exército de reserva volta a crescer. Os salários diminuem, e uma grande parte daqueles que não são despedidos tem muitas vezes de se contentar com um emprego em tempo parcial e a correspondente redução dos salários. O movimento da acumulação e o ciclo industrial determinam o número de pessoas que faz parte do exército industrial de reserva, isto é, determinam a quantidade de trabalhadores que pode vender a sua força de trabalho em determinado momento.

Assim, para finalizar este segundo item, interessa retomar alguns dos aspectos arrolados, que permitem melhor explicitação da definição do capitalismo. Este se constitui em um sistema de organização da economia que pressupõe a existência de proprietários individuais dos meios de produção e, também, a existência de trabalhadores emancipados de obstáculos feudais, tradicionais, como a servidão, a escravidão etc. O curso histórico do capitalismo — ultrapassadas suas origens manufatureiras e sua era heroica de luta contra o feudalismo — apresenta no nível econômico e social dois fenômenos fundamentais:

• o surgimento de um capital concentrado e com vocação monopolística que, uma vez exauridos os mercados internos, tende a expandir-se pelo mundo todo, constituindo uma vasta rede imperialista;
• o surgimento de uma classe operária organizada, que se apresenta com clara vocação universalista.

Esses fenômenos transcendem o marco histórico e mental de Marx, principalmente o surgimento do imperialismo, que excedeu as possibilidades de sua investigação. O imperialismo, é conveniente salientar, não será objeto de estudo neste trabalho. Um volume desta coleção, com o título *O que é imperialismo*, trata do tema com mais profundidade.

Antes de prosseguir no exame do capitalismo, pretende-se traçar no subtítulo um quadro histórico que permita inserir sua definição formal e abstrata explorada até o momento. Assim, tomar-se-á como ponto de referência o momento em que o capitalismo assume sua forma moderna, ou seja, a partir da Revolução Industrial, uma vez que nela se divisa a confluência das condições de surgimento do capitalismo — criação de uma classe operária emancipada de obstáculos históricos anteriores — e a acumulação de capital — com aqueles progressos tecnológicos que tornaram possível a criação da indústria moderna.

Gênese, desenvolvimento e crise do capitalismo

Em outras formas de sociedade de classes além do capitalismo — como por exemplo na escravatura e na servidão da gleba — havia uma classe dirigente que vivia do trabalho ou do produto excedente produzido pelos trabalhadores. Maurice Dobb afirma, em seu livro *Capitalismo, ontem e hoje,* que foi lento e complexo o processo pelo qual o capitalismo se desenvolveu a partir de uma forma anterior da sociedade de classes (feudalismo medieval), bem como a servidão da gleba da forma de produção original se transformou em trabalho assalariado.

E as etapas de transição não foram, de forma alguma, nítidas, implicando importantes transformações políticas (no seio das classes e na política do Estado). De qualquer maneira, salienta Dobb ao tecer comentários acerca da dissolução da sociedade feudal, podem-se distinguir duas fases importantes nessa transição:

- na primeira o pequeno produtor obteve a sua emancipação, parcial ou completa, das obrigações feudais que sobre ele pesavam;
- na segunda foi separado da sua propriedade dos próprios meios de produção (a sua pequena porção de terra, o seu gado e utensílios agrícolas ou de artesanato), e tornou-se dependente do trabalho assalariado para conseguir a subsistência.

Foi esse o processo que Marx descreveu como de *acumulação primitiva* ou *acumulação original*, que deu origem à criação de um proletariado. A essência do processo era fundamentalmente a mesma, revestindo qualquer uma das seguintes formas:

- de expulsão direta, com anexações de terras e expulsão de camponeses;
- de empobrecimento e endividamento, conduzindo à execução eventual por dívida;
- (em algumas regiões) de um crescimento da população maior do que a terra disponível podia suportar.

Segundo Dobb, um elemento decisivo dessa evolução que deu origem à criação de um proletariado foi a desintegração social e econômica da comunidade de pequenos produtores. Para tal processo contribuiu a emancipação dessa comunidade da dependência da suserania feudal e o aumento da produção, orientada para um mercado mais vasto que o da povoação.

A partir daí ocorre também o desenvolvimento da troca em base monetária. Essa desintegração, por um lado, revestiu a forma de emergência de uma camada superior de camponeses ricos, que multiplicava a posse da terra e acumulação de um pequeno capital, aplicado no comércio e na usura. Por outro lado, levou à criação de uma camada inferior empobrecida, forçada pela miséria e pelas dívidas a trabalhar para um vizinho mais abastado, a hipotecar e até desfazer-se das suas terras.

A fase crucial de ascensão do capitalismo é representada usualmente pela chamada Revolução Industrial, quando uma série de inovações técnicas que submetiam a potência mecânica — primeiro, a energia hidráulica, depois o vapor — à produção, transformou o processo de produção, transferindo-o da casa ou da oficina artesanal para a fábrica, tornando-o processo coletivo de dezenas e, mais tarde, de centenas de trabalhadores. Isso em lugar da produção insignificante, muitas vezes individual, de uma pessoa ou pequeno núcleo de pessoas com ferramentas e mecanismos manuais.

Foi essa a transformação determinante que se constituiu no *ponto de partida* para a industrialização "... após a qual a acumulação de capital e a expansão econômica adquiriram aceleração própria", segundo Dobb.

A Revolução Industrial estabelece, nesse sentido, as principais fases do desenvolvimento capitalista, pelo simples motivo de que pressupõe a existência de certos níveis de acumulação capitalista sem os quais não parece viável a substituição da força de trabalho por máquinas cada vez mais aperfeiçoadas.

As relações capitalistas de produção — ou seja, as relações do trabalho assalariado com o capital — tinham amadurecido durante dois séculos, ou mais, antes da Revolução

Industrial. Já no século XVI haviam sido introduzidos aperfeiçoamentos técnicos em algumas indústrias, que tinham lançado as bases para algo como a produção em escala de fábrica. As bombas aperfeiçoadas permitiram que a exploração mineira se fizesse em maior profundidade, e, desde então, levaram à criação de empresas mineradoras que dispunham de capitais de grande vulto.

Os novos métodos de extração do sal, do fabrico do papel, da refinação do açúcar, a produção da pólvora, os novos processos de fundição do ferro em altos-fornos primitivos, da fundição do cobre, lançaram as bases para uma produção concentrada, proporcionando o nascimento de empresas cujos capitais ascendiam a milhares de libras.

Dessa maneira, já no fim do reinado da rainha Isabel I (1558-1603) viam-se fábricas de papel e pólvora acionadas a energia hidráulica, oficinas de cobre e arame, além das máquinas têxteis que tinham surgido em cena muito mais cedo ainda. Isso significa, em suma, que houve transformações importantes nas forças de produção, mesmo na aurora do capitalismo, quando este ainda se desenvolvia no invólucro de uma sociedade predominantemente feudal:

Contudo, casos assim eram relativamente isolados, frequentemente restringidos pela falta de trabalho — que assentava por vezes na mão de obra recrutada à força, em especial de deportados, na indústria mineira —, trabalho que era assegurado pelos proprietários rurais ou grandes mercadores, e repousava constantemente na concessão de direitos de monopólio pela Coroa (para esse benefício era indispensável usufruir de influência na corte).

A forma de produção mais corrente, em particular na área têxtil, tinha ainda por base o artesanato. Assim, podia ainda ser

*O trabalho de menores utilizado
desde o início da Revolução Industrial*

realizada em pequenas oficinas ou até em casa, por pessoas que continuavam a conservar uma pequena porção de terreno e combinavam a cultura em pequena escala com o artesanato como atividade secundária.

Portanto era necessário capital para a aquisição de matérias-primas e para a organização da venda (e, às vezes, para o acabamento do produto), o que era assegurado por um mercador-fabricante, que deslocava o trabalho a ser realizado pelos artesãos nas aldeias ou nos subúrbios de cidades mercantis, organizava a divisão do trabalho em fases de produção (por exemplo, fiação, tecelagem, acabamento) e tratava da venda do produto acabado.

A partir daí, as expressões *indústria caseira* ou *doméstica* e, também, *sistema de deslocação* têm sido usadas indiferentemente para definir aquela que foi a forma de produção mais característica na fase inicial, na pré-Revolução Industrial do capitalismo, que Marx chamou a fase da *manufatura* por contraste com a da *maquinofatura* introduzida pela Revolução Industrial.

Dobb considera esse início como uma *fase* do capitalismo, isso porque os trabalhadores não estavam, regra geral, proletarizados, ou seja, não se encontravam ainda separados dos seus instrumentos de produção, nem mesmo, em muitos casos, da posse de uma pequena porção de terra. A produção estava dispersa, descentralizada, e não concentrada. O capitalista era ainda essencialmente um mercador que não exercia controle direto sobre a produção, e não impunha a sua própria disciplina ao trabalho do operário-artesão, que trabalhava em núcleos individuais (ou familiares) e conservava uma margem de independência importante (apesar de precária).

Embora a situação fosse de transição e as relações do capital com o trabalho assalariado ainda se encontrassem em estado embrionário, este último já começava a adquirir os seus traços característicos. Nesse sistema a relação entre patrão e assalariado era bastante discernível e o pagamento que o artesão caseiro recebia pelo produto do seu trabalho assemelhava-se a um salário.

O processo de *desintegração* do regime de produção em que tais artesãos haviam trabalhado fez com que muitos desses artífices caseiros se encontrassem em dificuldades econômicas e perdessem a sua independência, tornando-se semiproletarizados. Os mais prósperos foram acumulando algum capital e converteram-se em patrões dos vizinhos pobres. E aqueles que financiaram e organizaram a indústria — e também lhe introduziram os aperfeiçoamentos em vez de serem primordialmente mercadores tornaram-se capitalistas em ascensão, oriundos das fileiras dos próprios produtores.

Na indústria têxtil da segunda metade do século XVII, após a invenção de um novo tipo de tear, tornou-se comum o fato de que tais teares (demasiado caros para que as pessoas de poucos recursos pudessem comprá-los) fossem alugados aos artesãos caseiros, tendo até sido criada uma companhia exclusivamente para esse fim. Na miscelânea do comércio dos metais (incluindo o fabrico de agulhas e ferramentas) alguns capitalistas reuniam os artífices debaixo dos próprios tetos, em lugar de lhes entregarem o trabalho para executar nas suas casas. A produção de ferro no século XVIII era cada vez mais concentrada, e na agricultura definia-se uma tendência semelhante para a concentração da propriedade.

Com a ampla difusão das alterações técnicas de fins dos séculos XVIII e XIX, esses processos que tinham continuado por meio dos dois últimos séculos foram bastante acelerados e atingiram particularmente uma fase decisiva. Na indústria têxtil da Inglaterra — fim do século XVIII e início do XIX — começaram a ser utilizadas as primeiras máquinas de fiar, que substituíram o trabalho artesanal característico do período anterior. Comparado ao que se tinha anteriormente alcançado, o tempo de desenvolvimento tornou-se extremamente rápido.

Todavia, não se deve exagerar a rapidez com que se verificou a transformação em indústria de fábrica, com a sua concentração de produção e a relação direta do emprego do capital ao trabalho assalariado. Essa transformação foi muito desigual, permanecendo vestígios do período de *manufatura* ainda na segunda metade do século XX. Contudo, é conveniente salientar que em meados do século XIX já predominava na indústria britânica o tipo de fabrico capitalista moderno do processo de produção.

Um proletariado em rápido crescimento, recrutado em parte entre a população excedente do campo (produto de anexações da terra e da decadência do artesanato da aldeia) e em parte também resultante do aumento natural da população, forneceu a força de trabalho a uma indústria em expansão e um campo de investimento para uma crescente acumulação de capital.

Às transformações no campo da indústria têxtil sucederiam as que tiveram lugar no campo da siderurgia, determinantes da criação da grande indústria moderna, a qual exigia como premissa a mobilização e a concentração muito maior de capital com a finalidade de desenvolvê-la. A estrada de ferro seria o fruto moderno dessa revolução, de maneira que a empresa familiar cedeu lugar à sociedade anônima e acabou desencadeando um processo irreversível no seio do capitalismo: sua tendência natural à concentração dos capitais.

As empresas dispersas do início da era têxtil, mediatizadas por seu caráter familiar, sucederiam as grandes empresas com base em sociedades por ações. Ao capital familiar sucederia um primeiro indício de *capital social*. Ao autofinanciamento baseado em acumulações privadas preferencialmente agrárias ou comerciais sucederia o império das grandes entidades bancárias. E com ele se generalizariam práticas que seriam determinantes da fisionomia desse capitalismo característico da segunda metade do século XIX, como por exemplo o sistema de créditos.

Na era da estrada de ferro coexiste o caráter competitivo da livre empresa — que na economia política liberal possui sua apologética — com as tendências concentracionistas características do que, mais adiante, dará lugar ao chamado *capitalismo tardio*, marcado pela tendência para oligopólios e monopólios, bem como pela debilitação ou até a supressão da livre concorrência.

É, contudo, uma era que apresenta a fase mais criativa do capitalismo, uma vez que consagra como valores quase religiosos o ideal de progresso científico e tecnológico, a substituição da religião e da filosofia pela ciência, a promoção do inventor a figura quase sacerdotal. É a época em que triunfa a ideologia de Saint-Simon e de Comte, que creem que se está inaugurando uma nova idade da razão fundada no dirigismo dos industriais ilustrados, de empresários colocados a serviço dos princípios nacionais da ciência e da tecnologia.

O fim do século XIX traz a consolidação dos principais rasgos do chamado *capitalismo tardio*, a saber: o surgimento de oligopólios e monopólios como formas concentradas que unificam o esforço empresarial e abrandam o caráter competitivo próprio do estágio em que o capital ainda se encontrava atomizado e disperso.

Embora o significado que originalmente se atribuiu à palavra monopólio fosse o de vendedor exclusivo de qualquer produto, ela viria mais tarde a adquirir, em linguagem econômica, o significado de poder influenciar de maneira apreciável o fornecimento e também o preço de um artigo. Embora o domínio do mercado seja a regra do exercício do monopólio, em si próprio ele não é mais do que o meio, o instrumento pelo qual são atingidos os fins últimos do monopólio. E, dado que a razão de ser e a força impulsionadora do capitalismo é o lucro, o objetivo do monopólio é aumentar o próprio lucro, limitando a produção e subindo os preços.

O monopólio não exclui a concorrência em todos os sentidos da palavra: existe ainda concorrência no aspecto de rivalidades e conflitos entre as firmas que usufruem já de monopólio em alta escala mas ambicionam aumentá-lo, e também entre estas e firmas de menor importância.

A questão é que a *forma* de concorrência modifica-se. Em lugar da concorrência de preços do gênero do século XIX, fazem-se autênticas guerras publicitárias e campanhas de propaganda; tanto os concorrentes como os consumidores são condicionados por métodos como os da boicotagem e dos contratos com firmas distribuidoras, sem falar dos acordos para preservar a inviolabilidade dos preços da revenda e de eliminação do vendedor que pratique qualquer redução nos preços.

Pode-se verificar, também, a utilização de influência política para garantir a atribuição preferencial de contratos ou a proteção fiscal contra a incursão no mercado interno. Todavia, pode ocorrer a quebra dos preços fixos, quando acontecem as chamadas guerras de preços. Mas tendem a ser interlúdios passageiros entre períodos de tréguas ou acordos. A forma mais completa de monopólio é a que se realiza por fusão, consistindo na união de várias firmas rivais numa só, ou quando a maior delas absorve as restantes.

Assim, com os monopólios e oligopólios nasce aquilo que autores marxistas do século XX — especialmente Lênin e Rosa Luxemburgo — denominam a *última fase do capitalismo*, o chamado imperialismo. E com ele um neonacionalismo fundado na configuração das nações como um concentrado de interesses estruturados de caráter capitalista, determinando todo ele os enérgicos confrontos armados característicos dessa fase: as guerras europeias e mundiais.

Nessa época adquire importância primordial, pela primeira vez, a expansão de novos ramos industriais — por exemplo, a indústria química — determinantes de uma daquelas características que definiriam o capitalismo atual, ou seja, a substituição dos processos praticamente espontâneos de inversão, próprios da *idade heroica*, por um sistema codificado e controlado de descobrimentos e aplicações tecnológicas: a ciência destrona sistematicamente a *perícia* do mundo da grande indústria.

Josep María Figueras pondera que essa tendência torna-se mais aguda na época que se segue à Segunda Guerra Mundial, a qual se encontra determinada por uma nova modalidade de tecnologia, porém, sobretudo, por um novo "espírito" no enfoque da tecnologia. Com efeito, parece que já não havia mais lugar para os inventores espontâneos do tipo de Edison, capaz de lançar vários tipos de patentes a partir de um tecnicismo próprio de prestidigitador.

O processo de invenção implica uma prévia educação especializada que lança ao primeiro plano o papel das universidades. Observa-se uma estreita aliança entre ciência, tecnologia e indústria, aliança esta precipitada e acelerada pela colaboração, característica da economia de guerra, entre cientistas e militares. Neste sentido é paradigmático o emprego dos últimos descobrimentos da física — especialmente os relacionados com a física nuclear — pelo Departamento de Guerra norte-americano, por exemplo.

Pode-se afirmar que a principal inovação da tecnologia nesta forma atual de capitalismo localiza-se no campo da eletrônica e da informática, por meio da criação dos computadores. Se a máquina substituía a força humana, o computador substitui as operações mais fatigantes e difíceis de cálculo cerebral, chegando a elaborar, com autêntico virtuosismo, "decisões" derivadas das "ordens" que a máquina-cérebro recebe.

É evidente que essa *revolução técnico-científica* implica uma nova fase do capitalismo que conduz até níveis insuspeitos a tendência para a sua própria concentração. O capitalismo atual é um capitalismo de empresas industriais gigantescas que lançam seus tentáculos por toda a face da Terra, aparecendo como um espectro *multinacional* onipresente e disperso.

II

Essa visão de mundo que se acabou de expor pretendia endossar a ideia segundo a qual o desenvolvimento capitalista tem o caráter de um desenvolvimento em contínuo progresso e expansão.

Pretendia-se, por meio desse sistema econômico capitalista, alcançar *a riqueza das nações* e a felicidade geral. Tal era a ideologia incipiente no movimento dos fisiocratas e que apareceria de modo explícito na obra de Adam Smith (1723-1790), o fundador da economia política moderna.

Frente ao mercantilismo — sistema adequado ao Estado absolutista, em que este assumia a função de promotor e protetor da produção, especialmente das indústrias, centralizando toda a ação econômica com vistas a inclinar a balança comercial a seu favor —, os fisiocratas primeiro e Adam Smith depois e de maneira explícita propuseram um modelo de funcionamento econômico em que o Estado deveria retirar-se do cenário.

De acordo com esse modelo caberia ao Estado assumir apenas o papel de árbitro ou polícia, de maneira que mantivesse em vigência as próprias leis sobre as quais se assentaria esse jogo.

Foi a partir desse modelo que se formularam o corpo doutrinário e o político do liberalismo — que serão aqui brevemente esboçados. O sujeito da economia não era o Estado, mas sim o indivíduo concorrendo com outro: indivíduo proprietário, livre para fazer o que bem entendesse com suas propriedades.

De acordo com o programa liberal, o livre jogo espontâneo do mercado permitiria uma expansão indefinida das forças produtivas, o que acabaria redundando em um progressivo enriquecimento de todos os membros das nações, uma vez que todas elas iriam beneficiar-se com a extensão dessa liberdade.

Os desequilíbrios iniciais derivariam em equilíbrios, de maneira que, de um modo espontâneo e automático, a oferta e a demanda terminariam por ajustar-se. Em virtude de uma *mão invisível* alcançar-se-ia o necessário equilíbrio, devido ao jogo de um intercâmbio em que — se supunha — os participantes encontravam-se em igualdade de condições, condições essas que se não fossem iguais no início do processo acabariam sendo no seu final.

O progresso indefinido, o bem-estar geral e o enriquecimento de todas as nações eram o prognóstico dessa economia política liberal marcada pelo otimismo revolucionário de uma burguesia em plena ascensão e em absoluta comunhão de seus interesses com os de toda a nação.

Esse otimismo econômico prolongou-se, no século XIX, com um otimismo científico e tecnológico que era também herança daquele século das Luzes, que acreditava no desenvolvimento necessário — e impossível de deter — da Razão. A ideologia positivista, de Saint-Simon até Comte, traduz essa confiança segundo a qual a ciência — e a técnica como derivação desta — terminaria por liberar o homem de sua servidão à "superstição".

Todavia, as gerações subsequentes de economistas que ampliaram e aperfeiçoaram a teoria formulada por Adam Smith

A relação homem-máquina nas grandes indústrias vista por Chaplin em Tempos Modernos

modificaram seriamente esse quadro idílico de harmonia e de progresso. Malthus (1766-1834), por exemplo, causou alarma e pânico com sua célebre teoria acerca do desajuste entre um crescimento geométrico da população frente a um crescimento aritmético dos recursos naturais.

Segundo Malthus, a população cresceria num ritmo mais intenso do que o crescimento da produção dos alimentos. Consequentemente, em pouco tempo haveria fome no mundo. Essa teoria se encontrava mediatizada por uma moral puritana, com um "espírito" derivado do protestantismo e do calvinismo, característico do capitalismo em suas fases originais.

A lei malthusiana fazia recomendações concretas de abstenção sexual, economia e controle dos nascimentos. Caso contrário, o crescimento demográfico acabaria por destruir o prognóstico otimista acerca da expansão da economia e do enriquecimento da nação.

Era preciso fomentar o espírito de economia, evitar toda dilapidação dos recursos. O empresário, o burguês, poderia colocar em prática tais "virtudes", por meio de sua educação e de suas boas maneiras. Porém o proletário, carente de educação e urbanidade, reduzido à condição de mula de carga, não oferecia garantia alguma a respeito do uso ou abuso que poderia fazer com a riqueza — por pequena que fosse — que iria parar em suas mãos: era bastante provável que gastasse tudo nas tabernas ou no jogo.

Malthus recomendava que se mantivesse o trabalhador ao nível de subsistência, de maneira que apenas fizesse uso da riqueza imprescindível para sua própria produção diária e para a reprodução de sua espécie. Com essa ideia ele chegou à célebre *lei de bronze dos salários*, cuja elaboração mais característica aparece na obra do terceiro dos grandes clássicos da economia política: David Ricardo (1772-1823).

Ricardo, aproveitando-se em parte da visão pessimista de Malthus, formulou uma célebre teoria que viria a ter grandes repercussões, especialmente em seu discípulo Karl Marx e nas gerações seguintes de economistas, em especial em Stuart Mill. Trata-se da *lei dos rendimentos decrescentes*, lei essa que manifestava sérias dúvidas a respeito da concepção de Adam Smith acerca da *mão invisível*, apresentando um quadro muito mais sombrio.

Teórico da burguesia industrial, Ricardo desenvolveu, em *Princípios de Economia Política* (1817), a teoria do valor de Smith, formulou a teoria do salário natural e estabeleceu a lei da renda fundiária. De acordo com seus escritos, chegando a um determinado ponto de concentração capitalista, os rendimentos tornam-se decrescentes, podendo-se evitar essa baixa na taxa de lucro apenas mantendo com um rigor férreo os salários em nível de subsistência.

Caso contrário o sistema em seu conjunto entraria em uma crise fundamental ou estrutural, algo como uma catástrofe geral. Assim, segundo Ricardo, apareceria no campo da ciência econômica o fantasma permanente que tem pesado sobre ela: a ameaça de uma crise que não seria apenas conjuntural, mas sim estrutural.

Marx foi um discípulo que estudou e superou em muitos pontos essenciais as ideias de Ricardo, às quais atribuía grande significação histórica para a ciência. Marx tomou o quadro teórico de Ricardo e inseriu-o em um marco mais geral: injetou a economia política de pensamento histórico. Para Marx o capitalismo não era o modelo geral e racional do regime econômico *per se,* em relação ao qual todos os demais constituiriam aberrações, mas sim um modo de produção hegemônico ou dominante em uma formação histórica e social determinada.

Consequentemente, teve seu nascimento e teria também seu crepúsculo e sua morte. E sobre esse crespúsculo e essa morte Marx realizou, em *O Capital,* algumas considerações básicas: o capitalismo, após alcançar certa maturidade, entraria em uma fase crítica, premonitora de crises estruturais e de transformações revolucionárias. Essa maturidade seria dada pela tendência do capital à sua concentração e à eliminação do princípio original que assistira a suas origens: a concorrência. O capital terminaria em mãos de poucos, constituindo o cume de uma pirâmide absolutamente separada da base.

O capital terminaria por constituir oligopólios que derivariam em monopólios, até que tudo acabaria concentrando-se em uma única mão. Simultaneamente, a *base,* sustentada pelo trabalho, pela *força de trabalho,* iria alargando-se horizontalmente, crescendo em proporções imensas e aplicando a *lei de bronze dos salários.* Marx constatou que o proletariado sofria uma progressiva depauperização, proporcional à concentração monopolista do capital. Somente invertendo-se a pirâmide seria possível impedir a catástrofe e converter o pessimismo em otimismo.

Malthus (1766 - 1834) e Ricardo (1772 - 1823)

Isso determinaria uma verdadeira revolução, uma vez que se essa base alcançasse o poder econômico e político e instaurasse, primeiro, uma *ditadura do proletariado* e, depois, um regime de apropriação comunista dos meios de produção, seria possível restabelecer um sistema econômico sem condições, em outro caso, de sobreviver. Essa impossibilidade era devida, no entender de Marx, ao caráter contraditório do capitalismo, que socializava o trabalho ao mesmo tempo em que privatizava os meios de produção. Somente a revolução, por conseguinte, e a implantação do comunismo permitiriam resolver a contradição.

Segundo a visão dos *clássicos* era possível formular em leis os distintos ciclos e suas correspondentes fases características do sistema capitalista. A crise aparecia então como uma fase dentro desses ciclos, sendo possível superá-la por meio do próprio jogo espontâneo do mercado. Não parecia necessária intervenção alguma — nem revolucionária nem estatal — para que as crises cíclicas fossem contornadas: o próprio jogo do mercado permitiria superar os momentos depressivos e alcançar uma reativação e uma expansão das forças econômicas.

Todavia é bom que se deixe claro que quando Marx realizava suas análises e previsões estava menos interessado na forma rigorosa de como essas tendências manifestavam-se e mais nas *contradições* e, por conseguinte, nos conflitos sociais que geravam. E tais contradições não foram abrandadas desde o século passado, mesmo que tenham tido alterada a sua forma. Pelo contrário, em muitos sentidos tornaram-se mais agudas. Por exemplo, a luta de classes em torno da divisão do rendimento nacional entre os salários e os lucros é ainda mais encarniçada e enérgica, apoiada por organizações fortes e duradouras.

No século XX, principalmente na década entre os anos vinte e trinta, o jogo espontâneo do mercado não pareceu capaz

O que é capitalismo 57

de contornar uma crise que começava a parecer crônica, determinando um baixíssimo nível de emprego e em consequência uma falta de trabalho generalizada. Isso deu lugar ao chamado *crack* de 1929, que parecia indicar justamente a bancarrota do sistema capitalista.

Todavia, o modo de produção capitalista continuou sendo o dominante em várias formações históricas e sociais. Conforme salienta Dobb, já a partir do início do século atual o Estado começa a injetar recursos na economia, por meio de seus gastos. E tais gastos acabam funcionando como *estabilizadores*, atuando preventivamente contra as crises no investimento privado. Segundo Dobb, o chamado capitalismo de Estado foi uma característica predominante da Segunda Guerra Mundial e do período que se lhe seguiu. Isto não significa que tal desenvolvimento seja algo novo: tinha já acontecido durante a Primeira Guerra Mundial, e, embora desmantelado imediatamente depois, verificou-se um recrudescimento do controle do Estado durante a crise dos anos 1930. Contudo, o período da Segunda Guerra Mundial pode ser encarado como uma espécie de linha divisória nesse aspecto.

Uma guerra moderna exige a mobilização de todos os recursos econômicos, decisões rapidamente executadas sobre transferências de trabalho e instalações de produção e o fomento de uma indústria de guerra, que o mecanismo normal do mercado não tem condições de assegurar. Por conseguinte, ocasiona o desenvolvimento considerável do capitalismo de Estado, sob a forma de controle estatal das finanças, do trabalho, dos preços, da distribuição de materiais, enquanto o Estado se transformasse no comprador principal do mercado, colocando as suas encomendas de armamento, munições e provisões para o exército, e até víveres essenciais para a população. Isto aconteceu na Segunda Guerra Mundial com uma amplitude muito mais vasta do que na Primeira.

O esforço total da produção em tempo de guerra e a mobilização do potencial humano esgotam o exército industrial de reserva, o que acarreta uma situação de pleno emprego como raramente se atinge em tempo de paz, mesmo nos anos de prosperidade. Para evitar que tal situação conduza a elevados aumentos de salários, o Estado impõe várias restrições aos movimentos das organizações sindicais e ao trabalho em geral: suspensão do direito de greve, restrições à deslocação do trabalho e mudança de emprego.

Contudo, dado que as relações entre as classes tornam-se tensas debaixo dessas condições, concessões especiais terão de ser feitas à classe trabalhadora e de natureza tal que dificilmente seriam toleradas em tempo de paz. Não é, portanto, de surpreender que em muitos países a classe trabalhadora tivesse saído da Segunda Guerra Mundial com uma posição extraordinariamente forte (que seria rapidamente enfraquecida por divisões e conflitos cuidadosamente organizados, tanto de caráter político como industrial).

Nacionalizando o carvão, as estradas de ferro, o gás, a eletricidade, os transportes rodoviários e o aço, assim como alguns bancos, aumentou-se a esfera sobre a qual o Estado exercia controle direto, especialmente no que se refere a investimentos. Não se deve, no entanto, exagerar a importância desse controle, uma vez que em geral, o setor nacionalizado representou somente cerca de um quinto de todos os meios de produção do conjunto da economia. Onde adquiriu maior evidência foi ao aumentar o peso do Estado como comprador, em especial dos produtos de base (em virtude de o setor nacionalizado ter grandes programas de investimento e ser responsável pela desproporção do investimento na década do pós-guerra). Se se incluir a habitação, o setor do Estado representava cerca da metade dos investimentos brutos nos anos do pós-guerra.

Assim, é importante chamar a atenção para o seguinte fato: numa fase da história em que se atinge tão alta concentração de poder econômico como no caso do capitalismo de monopólio, a máquina do Estado torna-se um instrumento dos grupos monopolistas dominantes. O monopólio, visto implicar uma concentração de poder dentro do sistema capitalista, resulta num controle *político* muito mais forte e estreito sobre a sociedade e a política do governo. Dessa maneira, o Estado acaba por exprimir não exclusivamente os interesses do capitalismo e do conjunto da classe capitalista, mas os interesses dos grupos monopolistas dominantes do capitalismo, favorecendo os interesses dos últimos, mesmo que seja à custa de outros setores capitalistas.

Tendências e configurações do capitalismo: do pós-guerra ao início do século XXI

Os anos posteriores ao fim da Segunda Guerra Mundial deram início a um ciclo de desenvolvimento diferenciado da economia capitalista. Destroçados pela guerra, vários países (europeus e alguns asiáticos, como o Japão) reconstruíram sua base produtiva, ou mesmo criaram novos bases, aproveitando-se do financiamento e dos planos de expansão econômico-militares, principalmente dos EUA, que se lançavam numa disputa pela hegemonia política mundial com a antiga URSS.

Alguns economistas chamam esse período (até o início da década de 1970) de "os trinta anos gloriosos" do capitalismo, pois o crescimento econômico foi forte e contínuo em várias regiões do mundo, notadamente nos países centrais, ainda que boa parte dessa euforia ocultasse guerras por libertação nacional ou graves conflitos armados, como na Coreia e no Vietnã e os golpes militares na América Latina.

De fato, o mundo capitalista no pós-guerra vivenciou um reordenamento das relações entre as classes sociais e a forma de ação do Estado em relação ao mercado e à regulamentação da força de trabalho, sendo que as formulações teóricas do economista britânico J. M. Keynes exerceram grande influência.

Do ponto de vista da relação interna entre as classes dominantes dos países centrais, é importante destacar que acordos e instituições financeiras internacionais foram criados com o objetivo de estabelecer uma nova ordem econômica que pudesse coibir ou amenizar as crises, ao mesmo tempo em que estipulavam padrões para as finanças internacionais. Nos acordos de Bretton Woods, em 1944, além de se estipularem regras que indexavam as políticas monetárias dos países ao ouro por meio do dólar, foram criados o FMI (Fundo Monetário Internacional) e, posteriormente, o BM (Banco Mundial).

Nesse período, principalmente na Europa ocidental, os trabalhadores organizados em sindicatos e partidos políticos obtiveram maiores condições de acesso à riqueza produzida, por meio de políticas sociais universais garantidas pelo Estado, que passou a exercer um controle mais rígido sobre as trocas financeiras e de mercadorias. O Welfare State (Estado de Bem-Estar Social) foi resultado de um processo histórico e geopolítico específico em que a forma das relações entre as classes dominantes e dominadas não poderia mais se basear no padrão liberal das primeiras décadas do século XX.

Segundo a tese do sociólogo A. Bihr, esse padrão econômico e político funcionou por certo tempo devido ao que ele chamou de um "compromisso" entre trabalhadores organizados e a classe burguesa. Como a organização do trabalho era basicamente orientada pelo padrão taylorista-fordista, Bihr deu o nome de "compromisso fordista" ao modelo social em que importantes reivindicações dos trabalhadores eram garantidas pelo Estado e "suportadas" pelos capitalistas (como a diminuição da jornada de trabalho, aumento de salários, seguro desemprego, sistemas públicos de saúde, educação, aposentadoria etc.) em contrapartida da aceitação, pelos trabalhadores, da disciplina fabril taylorista da produção e da preservação da propriedade privada.

Evidentemente, esse compromisso não era um acordo oficial e explícito entre trabalhadores, capitalistas e Estado, mas uma forma de conciliação de interesses de classe que gradualmente foi se consolidando nesses países (mais na Europa do que nos EUA) por meio de instituições representativas desses agentes sociais, como sindicatos patronais e dos trabalhadores e partidos políticos. Mas é preciso lembrar que mesmo essas conquistas dos trabalhadores estavam marcadas por algumas restrições à sua implementação efetivamente universal, provenientes de estruturas patriarcais e de preconceitos nacionalistas e étnicorraciais.

Nos países periféricos, embora as conquistas sociais tenham sido bastante precárias, ou seja, a forma de integração da força de trabalho ao Estado tenha se dado de maneira mais passiva e menos qualitativa, os Estados nacionais assumiram uma postura mais ativa ante o mercado. Muitos se converteram em Estados desenvolvimentistas cujo papel principal foi o de fomentar uma base de acumulação econômica interna, ainda que muito dependente dos capitais externos.

Em fins da década de 1960, esse modelo do Estado capitalista (bem como esse formato das relações sociais e econômicas entre as classes) começa a sofrer seus primeiros abalos, principalmente na esfera política e cultural, com uma onda de greves e manifestações que, embora de feições variadas, apresentavam críticas ao controle social capitalista da produção e apontavam limites da organização fordista/taylorista do trabalho. A Revolução Cubana, em 1959, e a o maoísmo responsável pela Revolução Cultural Chinesa, em fins dos anos 1960, influenciaram diversos grupos políticos.

Na década de 1970, já é possível constatar uma severa crise nas principais economias capitalistas, expressa, entre outros fatores, no decréscimo acentuado das taxas de crescimento com alta da inflação (estagflação), nas altas dos preços do petróleo que abalavam a indústria mundial, na queda da lucratividade de grandes empresas e na quebra do padrão estabelecido pelos acordos de Bretton Woods sobre as trocas financeiras internacionais. Essa quebra se deveu ao cancelamento unilateral dos EUA da conversibilidade direta do dólar em ouro, em 1971, e da brutal elevação da taxa de juros estadunidense, em 1979, que deu fim a um padrão de financiamento externo e levou à crise fiscal diversas economias, como a dos países latino-americanos.

São inúmeras as explicações sobre a crise dos anos de 1970 e o fim dos "trinta anos gloriosos". O que alguns autores apontam como causas, outros consideram serem apenas sintomas e consequências de outras determinações. Numa linhagem baseada na obra do economista austríaco J. Schumpeter, argumenta-se que o período assistiu ao esgotamento de um ciclo de inovações. Teorias liberais viam no forte papel do Estado, cuja ação nos mercados criaria mecanismos artificiais de formação de preços e salários, o causador dos desequilíbrios.

Outra abordagem influente foi a dos autores reunidos na chamada "escola da regulação", como M. Aglietta e A. Lipietz,

O que é capitalismo 63

que possuíam certas influências do marxismo e do keynesianismo a partir de uma postura crítica às abordagens liberais. Basicamente, os autores buscavam identificar regimes de acumulação e modos de regulação que fundamentavam modelos de desenvolvimento do capitalismo. Para tanto, analisavam se o formato da organização do trabalho, os aspectos culturais e as instituições sociais criavam um conjunto coerente capaz de unir os agentes sociais. A ideia de compromisso fordista tem origem nessa teoria.

Críticas à escola da regulação foram feitas por autores marxistas, que consideravam equívoca a ideia de que o "esgotamento do fordismo" era o responsável último pela crise e igualmente se opunham a saídas reformistas desses autores, que tentavam esboçar novos pactos e compromissos como forma de criar outro modo de regulação.

Assim, de acordo com outro viés analítico, diversas abordagens foram feitas ancoradas na teoria de Marx, boa parte delas concebendo as expressões da crise como sintomas de uma crise estrutural do capitalismo. Tal crise estrutural estaria, então, assentada principalmente na elevação da composição orgânica do capital, que diminui progressivamente as bases de valorização do capital e leva, por conseguinte, a uma tendência decrescente da taxa de lucro. Essas teses são desenvolvidas, por exemplo, por I. Mészáros, que considera ser parte desse processo uma tendência também decrescente do valor de uso das mercadorias. Para o autor, as características que marcam o capitalismo desde então acentuam seu viés incontrolável e destrutivo.

Em que pese a variedade das análises, é importante ressaltar dois aspectos que marcam o capitalismo desde os anos 1970 e, efetivamente, dotam as últimas décadas de características e tendências diferenciadas, com consequências nas relações entre as classes e no modelo do Estado capitalista em países centrais e periféricos. Esses dois aspectos são a reestruturação capitalista da produção e a ofensiva das reformas sociais e econômicas baseadas nas políticas neoliberais — o que alguns chamam, na verdade, de *contrarreformas*, já que não são feitas para ampliar direitos, mas sim reduzi-los.

Ambos os aspectos são fundamentais para explicar o mundo atual e se determinam reciprocamente, ou seja, para que novas tecnologias e uma diferente organização do trabalho sejam instituídas, é necessária uma ofensiva política que debilite entidades sindicais e a resistência dos trabalhadores, o que tem sido feito pela implantação de reformas neoliberais. Vejamos.

Desde os anos 1970, surgem profundas inovações tecnológicas, com o advento da microeletrônica, que maximizam a capacidade de automatizar o processo de produção. Com os avanços da computação, diversos *softwares* são hoje responsáveis pela sistematização e ordenação do trabalho, ao mesmo tempo guiando e controlando a produção.

Ainda que não signifique a eliminação do trabalho vivo, o desenvolvimento dos *softwares,* dissociados do *hardware* (parte física), acarreta duas consequências extremamente relevantes. Em primeiro lugar, faz com que uma única máquina possa variar movimentos e tarefas sem alterar sua estrutura mecânica. Em segundo lugar, e mais importante, faz com que o conhecimento se separe do corpo físico do trabalhador e se transforme em mercadoria.

Outra importante área afetada pelas inovações são as telecomunicações, que, a partir da digitalização das redes, servem de infraestrutura para a mundialização do capital, principalmente para o poder imenso hoje mantido pelas instituições financeiras.

O que é capitalismo

Pesquisadores chamaram esse processo de reestruturação produtiva, que atingiu quase todos os setores econômicos, embora em velocidades distintas. Sob a influência da terminologia da escola da regulação, afirmou-se a emergência de um novo regime de acumulação, de caráter flexível, que contrastava com várias características do padrão fordista.

Esse movimento era marcado pela presença de inovações nos planos tecnológico, organizacional e financeiro, assim como por uma redefinição dos mercados e plantas industriais em todo o mundo. Entre outros processos de acumulação flexível — como o Kalmarianismo na Suécia ou a Terceira Itália, no norte deste país —, a experiência japonesa com o Toyotismo tem se mostrado a de maior repercussão mundial.

Um dos primeiros estudos sobre modelos de "especialização flexível" foi realizado por M. Piore e C. Sabel, que os discutiam em suas pesquisas sobre a região italiana de Emilia-Romagna, a qual apresentava processos produtivos que aliavam novas formas de alta tecnologia à produção artesanal cooperativa, em um contexto econômico específico, de ausência de força de trabalho qualificada e disponibilidade de reduzidos salários para uma massa de trabalhadores não qualificados.

Esses autores, entretanto, buscaram generalizar essa organização do trabalho, afirmando ser possível adotá-la em vários outros contextos e que ela poderia alterar o despotismo fabril e introduzir uma harmonia nas relações de trabalho. De fato, várias análises posteriores acabaram por absorver esse otimismo inicial e passaram a ver um aumento de relações democráticas de trabalho, com administrações mais participativas e abertas a todos os trabalhadores.

O fato de que as grandes indústrias estavam reduzindo suas organizações administrativas e quadro de pessoal, simultaneamente à elevação do setor de serviços (que, por sinal, a tudo englobava), também levou alguns a imaginar a ascensão de uma sociedade "pós-industrial", que apresentaria características diferentes da sociedade capitalista tradicional. Mas as transformações verificadas na atualidade têm demonstrado outros aspectos, condizentes à manutenção da estrutura hierárquica de poder do capital sobre o trabalho.

A reestruturação capitalista da produção foi marcada também pelo avanço de governos alinhados às plataformas neoliberais, como se vê em fins dos anos 1970 e início dos 1980, na Inglaterra, Estados Unidos e Alemanha (com a eleição, respectivamente, de M. Thatcher, R. Reagan e H. Khol), sem esquecer que uma das primeiras experiências de reformas neoliberais foi realizada de maneira ditatorial por A. Pinochet, no Chile, após o golpe de 11 de setembro de 1973.

Vamos seguir aqui os apontamentos de D. Saes sobre o neoliberalismo, autor que identifica três políticas específicas do programa neoliberal como um todo. A primeira seria a política de privatização, que consiste na desestatização de empresas e atividades administrativas. A segunda é a política de desregulamentação (ou, poderíamos redefinir como nova regulamentação), que é a redução da atividade reguladora do Estado na economia e nas relações de trabalho — o que não significa, contudo, "Estado mínimo". Por fim, a política de abertura da economia ao capital internacional, cuja intenção é eliminar reservas de mercado e barreiras protecionistas. Assim, a implementação do neoliberalismo nos Estados nacionais e a resistência a ele se efetivam de acordo com as especificidades dessas três ordens de políticas.

O neoliberalismo tornou-se, devido ao acirramento da internacionalização das economias, o substrato ideológico daquilo que F. Chesnais descreveu como o processo de mundialização

O que é capitalismo 67

do capital. Ao contrário da visão dominante sobre a "globalização", como é o capital o agente principal do processo, não há igualdade de participação entre os países e são recriadas formas de dominação entre eles. E, importante destacar, é a fração financeira do capital, com seus prolongamentos fictícios, que tem guiado e sido beneficiada pelo processo.

Daí a proeminência atual, nas economias nacionais, de novos operadores financeiros além dos bancos, como fundos de pensão, fundos de investimento etc. Embora não estejam descolados do capital produtivo, a riqueza financeira criada desde então aumentou em níveis muito superiores à economia real, o que tem contribuído para crises econômicas constantes no mercado financeiro internacional, como foi aquela iniciada nos EUA em 2008 e 2009.

Nesse sentido, são pertinentes as análises dos economistas G. Duménil e D. Lévy, que levantam questões sobre o "imperialismo neoliberal". Para os autores, o neoliberalismo não é um modelo de desenvolvimento, mas uma nova ordem social marcada pelo restabelecimento da hegemonia das finanças, que são as frações superiores da classe capitalista e as instituições financeiras (e, evidentemente, o poderio militar dos EUA continua cumprindo aqui seu papel na ordem internacional). As mudanças gerenciais e o rebaixamento dos custos com a força de trabalho são aspectos de um projeto geral que visa assegurar o poder e a renda das classes capitalistas, que foram ameaçados, de certa forma, pelos desequilíbrios e instabilidades dos anos de 1960 e 1970.

Além das políticas orientadas para a estabilidade de preços e elevação das taxas de juros e das pressões pela abertura de mercados (de produtos e capitais), esse processo é marcado por novas formas de gestão de empresas, que se voltam cada vez mais para os interesses de acionistas. As consequências para a vida dos trabalhadores em geral são bastante negativas. O capitalismo atual é caracterizado, sobretudo, por uma intensa exploração da força de trabalho mundial, que é colocada em concorrência devido à abertura dos mercados.

As relações salariais típicas têm se alterado significativamente e a tendência é a diminuição das proteções legais aos trabalhadores. O refluxo das lutas sindicais, num contexto de perda de influência das bandeiras da esquerda, contribuiu para esse movimento. As empresas, capitaneadas por grupos multinacionais, operam agressivos projetos de "reengenharias" ou "enxugamentos", na tentativa de eliminar cargos e funções em toda a estrutura administrativa e de produção.

Os contratos passam a ser temporários, de meia jornada ou realizados por meio de empresas interpostas, a chamada "terceirização". Tanto no Brasil como no exterior, são dezenas de estudos e pesquisas que demonstram a intensificação do trabalho ocasionada pelas "modernas" formas de gestão, com profundas consequências à saúde física e mental dos trabalhadores.

São cada vez mais comuns casos de superexploração do trabalho, principalmente nos países periféricos, aos quais tem sido transferido o processo material de produção por conta dos reduzidos custos com a remuneração da força de trabalho. Não deve causar espanto quando são reeditadas, no mundo "globalizado" e repleto de tecnologias informacionais, situações típicas dos primeiros anos da Revolução Industrial.

Esse quadro é ricamente relatado no trabalho de N. Klein. A autora descreve o processo (por sinal, paralelo à mundialização do capital, com predominância financeira) pelo qual o êxito do *branding* (gestão da marca) tornou-se o grande objetivo de empresas de todo os segmentos, de calçados e vestimentas a

O que é capitalismo 69

carros e computadores. As gerências, concatenadas com os interesses dos acionistas, buscam construir uma identificação dos consumidores com os valores que as marcas representariam.

A produção física das mercadorias é vista como externa ao negócio das marcas, e os discursos tentam fazer crer que se tornou obsoleta a ideia segundo a qual uma empresa é responsável pela sua força de trabalho. De acordo com Klein, "quando o processo de fabricação real é tão desvalorizado, logicamente é mais provável que as pessoas que fazem o trabalho de produção sejam tratadas como lixo — coisas das quais você pode se livrar (...) Em vez de fabricarem elas mesmas os produtos, em suas fábricas, as 'exploram', como as corporações nos setores de recursos naturais exploram urânio, cobre ou madeira" (p. 221).

As teses de D. Harvey são, aqui, bastante interessantes. Para o autor, os processos característicos daquilo que Marx discutiu como a acumulação primitiva de capital — como a expulsão de populações camponesas, formação do proletariado sem-terra, privatização de recursos naturais, força de trabalho praticamente escrava ou escrava etc. — não expressam somente num momento primeiro do capitalismo, mas é uma constante até os dias de hoje.

O período contemporâneo assiste, assim, aos desdobramentos da "contradição em movimento" que é o capital: ainda que novas tecnologias e sistemas informacionais possam resolver diversos problemas da produção e sustentar meios eficientes de comunicação social, os trabalhadores ainda convivem cotidianamente com atividades precárias, maçantes e mal remuneradas. Além do fato de serem essas mesmas tecnologias usadas para alimentar sistemas despóticos de controle e vigilância social, assim como toda a parafernália *high-tech* é amplamente utilizada nos inúmeros confrontos bélicos que se espalham ainda hoje pelo mundo.

E, justamente por conta dessas contradições, o mundo tem presenciado, ao longo deste início de século XXI, inúmeras formas de resistência ao neoliberalismo e à reorganização do trabalho. São resistências diversificadas, que reeditam antigas experiências, mas também criam novos formatos, como movimentos por moradia, terra, preservação de recursos naturais, garantia de empregos e condições de vida, além das lutas por libertação nacional e defesa de povos e culturas dominados, ou mesmo movimentos que lutam pelo fim do controle privado das tecnologias, como o software livre. Aos poucos, foram essas lutas e seus desdobramentos que mostraram o equívoco da tese segundo a qual a história teria chegado a um suposto fim.

O CAPITALISMO NO BRASIL

A segunda parte deste livro irá basear-se, em muito, no trabalho de João Manuel Cardoso de Mello — *O capitalismo tardio (contribuição à revisão crítica da formação e do desenvolvimento da economia brasileira)* —, que procura repensar a história latino-americana como formação e desenvolvimento do modo de produção capitalista, com ênfase especial para o caso brasileiro. Por outro lado, o item 4 do capítulo 3 ("A evolução recente da economia brasileira") foi reescrito, tendo sido revisto e atualizado.

A passagem da economia colonial à economia exportadora capitalista

Começando por examinar a passagem da economia colonial à economia exportadora capitalista, Cardoso de Mello rejeita as concepções teóricas formalistas que procuram, com um alto grau de abstração, generalizar situações econômicas e sociais muito diferentes entre si. Estabelece a diferença fundamental entre *economia colonial* e *economia primário-exportadora*, afirmando que ela se encontra exatamente nas distintas relações sociais básicas que lhes estão subjacentes: trabalho compulsório, servil ou escravo na economia colonial e trabalho assalariado na economia primário-exportadora.

Na economia colonial acham-se presentes dois setores: um setor exportador e um setor produtor de alimentos. O *setor exportador* produz, em larga escala, produtos coloniais (açúcar, tabaco, metais preciosos etc.) destinados ao mercado mundial. A produção mercantil é organizada pelos proprietários dos meios de produção e os trabalhadores são servos ou escravos.

O *setor produtor de alimentos* é mercantil apenas enquanto o tempo de trabalho da força de trabalho empregada no setor exportador é dedicado exclusivamente à produção de mercadorias de exportação. Este setor pode estar organizado à base de trabalho servil, trabalho escravo ou mesmo por produtores independentes. Porém, parte do tempo de trabalho da força de trabalho do setor exportador pode ser empregada na produção de subsistência, e, sendo assim, o caráter mercantil do setor produtor de alimentos desaparece e ele surge como que embutido no setor exportador.

Dessa maneira, a economia colonial define-se como altamente especializada e complementar à economia metropolitana. Esta complementaridade traduz-se num determinado padrão de comércio: exportam-se produtos coloniais e importam-se produtos manufaturados e, no caso de economias fundadas na escravidão negra, escravos. E a articulação economia metropolitana-economia colonial a isso não se resume, porque esse padrão de comércio se efetiva por meio do monopólio de

O que é capitalismo   73

comércio exercido pela burguesia comercial metropolitana, do exclusivo metropolitano, como então era chamado.

Nas páginas seguintes tentarei explicar por que a economia colonial tem essa feição, por que colonial é complementar, por que o trabalho é servil ou escravo e por que há monopólio de comércio.

A resposta a esses pontos é fornecida pelo historiador Fernando Novais em seu livro *Estrutura e dinâmica do antigo sistema colonial (séculos XVI-XVIII),* segundo o qual a colonização moderna integra um processo mais amplo, qual seja, o de constituição do modo de produção capitalista. Absolutismo, sociedade estamental, capitalismo comercial, política mercantilista, expansão ultramarina e colonial são partes de um todo, interagem reversivamente nesse complexo que se poderia chamar de *Antigo Regime.* São, no conjunto, processos correlatos e interdependentes, produtos todos das tensões sociais geradas na desintegração do feudalismo, em curso, para a constituição do modo de produção capitalista.

Nessa fase intermediária, em que a expansão das relações mercantis promovia a superação da economia dominial e a transição do regime servil para o assalariado, o capital comercial comandou as transformações econômicas, mas a burguesia mercantil encontrava obstáculos de toda ordem para manter o ritmo de expansão das atividades e a ascensão social. Daí, no plano econômico, a necessidade de apoios externos — as economias coloniais — para *fomentar a acumulação* e, no nível político, a centralização do poder para unificar o mercado nacional e mobilizar recursos para o desenvolvimento.

A economia colonial organizou-se, assim, para cumprir uma função: *a de instrumento de acumulação primitiva de capital.* Dessa forma era preciso estabelecer mecanismos de exploração de modo a permitir:

- que a economia colonial produzisse um excedente que se transformasse em lucros ao se comercializar a produção no mercado internacional;
- a criação de mercados coloniais para a produção metropolitana;
- que o lucro gerado na colônia fosse apropriado quase que integralmente pela burguesia metropolitana.

A produção colonial deveria ser mercantil. Não uma produção mercantil qualquer, mas produção mercantil que, comercializável no mercado mundial, não concorresse com a produção metropolitana. Caso contrário, o comércio tornar-se-ia impossível. Em suma, produção colonial quer dizer produção mercantil complementar, de produtos agrícolas coloniais e de metais preciosos.

É preciso salientar, também, que somente haveria produção colonial se houvesse trabalho compulsório, servil ou escravo. Como o objetivo primeiro da empresa colonial era o lucro, tratava-se de rebaixar ao máximo o custo de reprodução da força de trabalho. Havendo abundância de terras apropriáveis, os colonos contariam com a possibilidade de produzir a própria subsistência, transformando-se em pequenos proprietários e, especialmente, em posseiros.

Em tais condições, obter produção mercantil em larga escala significava assalariar a sua força de trabalho, o que exigiria que os salários oferecidos fossem suficientemente elevados para compensar, aos olhos dos colonos, a alternativa da autossubsistência. Assim sendo, o trabalho compulsório era mais rentável que o emprego de trabalho assalariado. Além disso, o tráfico negreiro abriu um setor do comércio colonial altamente rentável e representou poderosa alavanca à acumulação de capitais.

O que é capitalismo 75

Como bem demonstrou Novais, o *monopólio de comércio,* o exclusivo metropolitano, era o mecanismo fundamental por meio do qual o excedente gerado na colônia transferia-se à burguesia comercial metropolitana. A exclusividade na compra rebaixava ao máximo os preços de aquisição dos produtos coloniais e a exclusividade na venda estabelecia para os produtos metropolitanos os preços mais altos possíveis.

A esse monopólio de comércio acrescia-se outro, a *tributação,* que assumia papel relevante em se tratando de *economias mineiras,* desde que as evidentes dificuldades de captação dos lucros recomendavam a máxima fiscalização por parte das autoridades metropolitanas.

Cardoso de Mello destaca que a *especificidade da economia colonial dos tempos modernos* reside na "... produção mercantil e no trabalho servil, como em várias épocas da Idade Média (...); na produção mercantil e no trabalho escravo, como na Antiguidade. Porém, produção mercantil e trabalho servil, produção mercantil e trabalho escravo, 'reinventados' para estimular a transição do feudalismo para o capitalismo".

O capitalismo comercial, na América Latina, "reinventou" o trabalho servil e o trabalho escravo. No caso de escravidão, assegurou a reprodução das relações sociais, com o tráfico, setor do comércio colonial e mola de acumulação. Dessa forma, o movimento próprio da economia colonial foi-lhe retirado pela impossibilidade de autonomamente ao se estabelecer a apropriação e o controle do excedente pela burguesia comercial metropolitana.

Assim, se economia colonial e economia metropolitana são faces da mesma moeda, empresa colonial e manufatura também o são. Na metrópole, a libertação do trabalho, o trabalho assalariado; na colônia, a *reinvenção* de formas de relações sociais pré-capitalistas. Progresso e, ao mesmo tempo, aparente retrocesso — aparente porque se constitui em ingrediente indispensável ao progresso.

Porém, se existiu unidade entre desenvolvimento do capitalismo e economia colonial se a economia colonial representava um estímulo fundamental ao capitalismo no *período manufatureiro*, o movimento leva à Revolução Industrial, ao nascimento do modo especificamente capitalista de produção. A acumulação, doravante, poderá andar sobre seus próprios pés, deixará de necessitar de apoios externos com o surgimento de forças produtivas capitalistas.

Esse movimento, a passagem ao capitalismo industrial, acelera a liquidação da economia colonial. O que era solidariedade transforma-se em oposição; o que era estímulo converte se em empecilho. Economia colonial e capitalismo passam a guardar entre si de agora em diante, relações contraditórias.

Passa-se a requerer da periferia a produção de produtos primários de exportação. Porém, não se trata mais de produção colonial, pois o sentido da produção mercantil complementar é bem outro. Não mais produtos agrícolas coloniais e metais preciosos, mas sim, alimentos e matérias-primas produzidos pelo conjunto da periferia, porque só a produção em massa pode significar preços baixos. Não mais produção mercantil para fomentar a acumulação primitiva, senão produção mercantil complementar para rebaixar os custos de reprodução da força de trabalho e para baratear o custo dos elementos componentes do capital constante.

Há contradição entre capitalismo industrial e forma de trabalho compulsório, porque se exige na periferia generalização das relações mercantis, isto é, mercantilização da força de trabalho, pois apenas o trabalho assalariado poderia significar mercados os mais amplos possíveis e, também, produção mercantil complementar em massa.

O que é capitalismo 77

Há contradição entre capitalismo industrial e monopólio do comércio colonial porque só a sua remoção permitiria que os mercados coloniais pudessem ser apropriados diretamente, eliminando-se o lucro comercial monopolista. Há, ainda, contradição entre capital industrial e exclusivo metropolitano, porque só a sua liquidação seria a garantia de que se produzisse livre de restrições e de preços fixados monopolisticamente.

Em suma, "o capitalismo industrial propõe a formação de uma periferia, produtora em massa de produtos primários de exportação, organizando-se a produção em bases capitalistas, quer dizer, mediante trabalho assalariado. É dessa periferia que deveriam fazer parte as economias latino-americanas, conjuntamente às demais economias pré-capitalistas" (Cardoso de Mello).

O capitalismo industrial inglês, no que se refere à América Latina, não teve maior interesse em penetrar, porque não surgiram oportunidades de inversão de capitais suficientemente atrativas, capazes de concorrer tanto com as colônias inglesas quanto com os países que atravessavam vigorosos processos de industrialização (Estados Unidos).

O fraco *poder de difusão* do capitalismo exercido sobre as nações latino-americanas pode ser explicado pelas dificuldades internas da organização de economias exportadoras vigorosas. Onde isto se deu — como no Brasil — foi possível, em certo sentido, criar a própria demanda, e as importações de capitais desempenharam um papel crucial na passagem da economia colonial à economia exportadora capitalista.

É preciso reconhecer, no entanto, que o *poder de difusão* do capitalismo na etapa competitiva — isto é, da Revolução Industrial ao início da Grande Depressão — manteve-se relativamente restrito devido, em última instância, às suas próprias limitações;

porque só na Inglaterra havia atingido um estágio relativamente avançado. Todavia, bem outra foi a situação entre 1880 e 1900, período em que emerge o capitalismo monopolista.

O autor de O *capitalismo tardio* explicita os traços mais gerais deste movimento: "O processo de concentração intensifica-se extraordinariamente, centrado, simultaneamente, numa aceleração do ritmo de incorporação do progresso técnico e numa nova tecnologia, antes baseada na aplicação direta da ciência e da investigação científica que no engenho mecânico; durante a Segunda Revolução Industrial', o processo de concentração vai promovendo a monopolização dos principais mercados industriais por empresas cada vez maiores; este processo é *comandado* pelo capital bancário, *mesclado* ao grande capital industrial, conformando-se o *capital financeiro*; com o surgimento de outras potências industriais (Estados Unidos, Alemanha, Japão) quebra-se o monopólio industrial inglês; as exportações de capitais se intensificam, bem como a concorrência entre os diversos capitalismos financeiros por áreas de inversão se trava sem quartel; surge o colonialismo monopolista e as principais potências capitalistas terminam por repartir o mundo".

Na América Latina, entre aproximadamente 1880 e 1900, tanto a extraordinária ativação da exportação de capitais quanto, em alguns casos, a imigração em massa foram cruciais ao nascimento das economias exportadoras capitalistas.

Para uma análise da passagem da economia colonial à economia exportadora capitalista em toda sua complexidade há que se tomar tal movimento como determinado, em primeira instância, por *fatores internos* e, em última instância, por *fatores externos*. Mostrar como fatores internos e externos estão articulados entre si em cada momento do processo é o objetivo do próximo subtítulo.

A passagem da economia colonial à economia exportadora capitalista no Brasil

A queda do *exclusivo metropolitano* e a subsequente formação do Estado nacional marcam, indiscutivelmente, o início da crise da economia colonial no Brasil. Assim, torna-se necessário compreender de que maneira nasceu a economia mercantil-escravista cafeeira nacional, após o esgotamento da *economia mineira* e a falta de perspectivas de vários outros produtos de exportação. Ou seja, como o espocar da crise marca, ao mesmo tempo, a revitalização do caráter mercantil da economia e o revigoramento da escravidão dentro dos quadros de uma economia controlada nacionalmente.

I

A economia mercantil-escravista cafeeira nacional tem sua origem no capital mercantil nacional, que se vinha formando ao longo da Colônia, mas só ganhando notável impulso com a queda do monopólio do comércio metropolitano e com o surgimento de um sistema monetário nacional ainda em estado embrionário. Este embrionário sistema monetário nacional é consequência da vinda da família real para o Brasil no início do século XIX, o que acabou constituindo o passo decisivo para a formação do Estado Nacional. Entre o declínio da mineração e a vinda de D. João VI processa-se uma expansão da produção e do comércio colonial, estimulados pela política *ilustrada* e reformista da metrópole.

O capital mercantil nacional invade a órbita da produção, uma vez que inúmeras fazendas de café foram organizadas com capitais transferidos diretamente do setor mercantil (comércio de mulas, capital usurário urbano, tráfico de escravos etc.). Todavia, esse mesmo setor mercantil, encarnado no comissário, financiou a montagem da economia cafeeira. Maria Sylvia de Carvalho Franco, em *Homens livres na ordem escravocrata*, coloca com justeza o papel desempenhado pelo comissário: "... seus interesses, que eram o de fazer passar por suas mãos a maior quantidade possível de café, fizeram-no participar na montagem e custeio das fazendas, invadindo a própria área da produção, financiando-a".

Por outro lado, existiam recursos produtivos prévios e subutilizados, terras próximas ao Rio de Janeiro e próprias ao café, bem como escravos liberados pela desagregação da economia mineira.

É conveniente chamar a atenção para um fato de suma importância: o *do nascimento e sentido da demanda externa por café*. Nas três primeiras décadas do século XIX o café deixou de ser produto colonial, uma vez que seu consumo generalizou-se. Os preços internacionais baixaram, em grande parte devido ao crescimento da oferta brasileira, tornando-se o Brasil a maior região produtora do mundo já a partir de 1830.

Dessa maneira, a empresa cafeeira do início do século XIX surge como *latifúndio escravista*. Como *latifúndio* porque havia uma determinada repartição de terras anterior à sua constituição; e, principalmente porque, dados os preços dos recursos produtivos e definindo-se a produção cada vez mais como produção em massa, as margens de lucro eram reduzidas, o que impunha uma escala mínima de produção lucrativa e, reversivamente, determinava investimentos vultosos, que funcionavam como barreira à entrada. E surge como latifúndio *escravista* não somente porque escravos estavam disponíveis mas, principalmente, tendo em vista o caráter da demanda externa e o investimento exigido. Assim, o trabalho escravo, superexplorado, mostrou-se mais

D. João VI caricaturado por Emílio

rentável. Excluía-se o trabalho assalariado em virtude de o custo de reprodução do escravo ser menor que o do trabalhador livre.

Produzindo muito e barato, o Brasil em 1830 já conseguia vencer a concorrência do Ceilão e de Java, tornando-se o primeiro produtor mundial. O café passou a ser o primeiro produto de exportação brasileiro e, também, sul-americano. Nesse momento, a economia mercantil-escravista cafeeira assumiu seus traços definitivos: grande empresa produzindo em larga escala, apoiada no trabalho escravo, articulada a um sistema comercial-financeiro, controlados, uma e outro, nacionalmente.

Estabelecia-se no Brasil, portanto, uma economia nacional. A queda do *exclusivo metropolitano* e, em seguida, a formação do Estado Nacional criaram a possibilidade de que se nacionalizasse a apropriação do excedente e de que se internalizassem as decisões de investir. O momento do surgimento da economia cafeeira — isto é, sua simultaneidade com a Revolução Industrial — a precocidade do desenvolvimento do capital mercantil nacional e da formação do Estado Nacional, além da existência de recursos produtivos, explicam porque se efetivou essa possibilidade, mantendo-se o controle nacional do sistema produtivo.

O momento do início da crise da economia colonial é, também, o momento da constituição da economia mercantil-escravista cafeeira nacional. É certo que se revitalizam a escravidão e a produção mercantil, que no entanto não é mais colonial. Porém esta revitalização se dá nos quadros de uma economia nacional.

O desenvolvimento da economia mercantil-escravista está sujeito a três condições fundamentais: à disponibilidade de trabalho escravo a preços lucrativos, à existência de terras em que a produção pudesse ser rentável e às condições de realização,

O que é capitalismo 83

relativamente autônomas, porque dependentes também do comportamento das economias importadoras.

Com relação à disponibilidade de trabalho escravo a preços lucrativos, uma vez incorporado o contingente de escravos que havia sobrado por ocasião da desarticulação da *economia mineira*, o tráfico internacional surgiu naturalmente como fonte de abastecimento de mão de obra barata.

No entanto, o setor fornecedor externo desapareceu por volta de 1850, por imposição da Inglaterra ao jovem Estado brasileiro. Todavia, não se pode estabelecer mecanicamente a condenação da economia cafeeira a partir da liquidação do tráfico internacional de escravos, como se a produção e a reprodução de escravos fosse inatingível ou se constituísse em qualidade própria à *plantation*.

A argumentação de Cardoso de Mello a respeito pode ser sintetizada nos seguintes pontos: 1. para que se acumulasse ou ao menos se mantivesse a produção no mesmo nível após a interrupção do tráfico internacional era absolutamente necessário "produzir" escravos internamente; 2. a produção interna equivaleria à redução substancial da taxa de exploração; 3. isso acabaria levando a uma redução na taxa de lucro das unidades em operação; 4. para que a economia cafeeira fosse capaz ou não de absorver este aumento de preços dependeria da queda necessária da taxa de exploração e da taxa de lucro prévia a ele; 5. ainda que isso fosse inviável, a acumulação prosseguiria até absorver a totalidade da escravaria existente; 6. essa situação-limite seria alcançada apenas se a economia cafeeira conseguisse suportar a elevação brutal e inevitável dos preços; 7. caso contrário o teto seria atingido muito antes, porque os preços subiriam até certo ponto e a partir daí "explodiriam", no momento em que já se tivesse absorvido o contingente de escravos existentes nos outros setores exportadores.

É hora de passar ao exame da segunda condição a que está sujeita a dinâmica da economia mercantil-escravista cafeeira, ou seja, a disponibilidade de terras nas quais a produção pudesse ser lucrativa. A acumulação somente iria adiante caso contasse constantemente, com novas terras próprias ao café, supondo uma técnica extensiva e invariável, bem como constante a fertilidade natural do solo.

Enquanto os limites fossem móveis os empresários cafeeiros adotariam técnicas predatórias de cultivo, evitando despesas desnecessárias (adubos, fertilizantes etc.). Essa ocupação de novas terras acabaria exigindo, a partir de certo ponto, *interiorização*. Interiorização que provocaria dentro dos limites da economia mercantil-escravista, *elevação persistente dos custos de transporte*. Isso porque, numa economia mercantil-escravista, a um setor produtor mercantil e escravista deve corresponder um setor de transportes também mercantil e escravista. Ou seja, um setor independente apoiado no trabalho escravo e na força animal, uma vez que a presença do escravo acaba impondo limites estreitos à tecnologia adotada. Desse modo, a elevação contínua dos custos de transportes promoveria a queda contínua da taxa de lucro até ao ponto em que impediria a acumulação.

As condições de realização da produção cafeeira nos mercados externos constitui a terceira condição que precisa ser examinada para a compreensão da dinâmica da economia mercantil-escravista cafeeira. É possível distinguir dois períodos distintos: o de generalização do consumo mundial e o de pós--generalização.

No período de generalização seria inevitável uma queda dos preços para que o café se integrasse ao consumo de amplas

O que é capitalismo 85

camadas da população dos países importadores, perdendo seu caráter de produto colonial.

No período de pós-generalização não se delinearia qualquer tendência definida de preços, mas se estabeleceria tão-somente um limite superior, acima do qual o café seria excluído do "consumo popular". Tomando em conta esse limite superior haveria apenas *movimentos oscilatórios de preços,* decorrentes de três origens: do caráter permanente da cultura cafeeira, associado a seu período de maturação de quatro a cinco anos; das condições da demanda externa, que são relativamente autônomas, porque atreladas às pulsações das economias importadoras; da intervenção de fatores naturais.

Acredito que a recuperação das linhas gerais do movimento da economia cafeeira entre 1810 e 1870 seria de crucial importância para a elucidação de alguns pontos relativos à crise da economia colonial e a emergência do trabalho assalariado. Dessa maneira, o período 1810-1850 marca, simultaneamente, os momentos de constituição e consolidação, bem como de generalização do consumo de café nos mercados centrais. Isto significa que foi possível expandir a produção, entre 1821-1830 e 1841-1850, cerca de seis vezes, enfrentando e ao mesmo tempo promovendo uma sensível baixa dos preços internacionais (quase 40%).

O êxito pode ser explicado por várias razões. Contou-se, em primeiro lugar, com abundante oferta de terras (as do Vale do Paraíba) próximas a portos de embarque, o que significa custos de transportes suportáveis.

De outro lado, a persistência do tráfico internacional assegurou o suprimento de escravos, e os preços — ainda que subissem perto de cinco vezes — foram contidos relativamente ao que teriam sido na ausência dessa fonte de suprimento. Ampliando um pouco mais, os custos foram comprimidos em níveis lucrativos por dois outros motivos: devido ao cultivo predatório da terra e, também, por causa da extraordinária taxa de exploração imposta ao escravo. Produzir em larga escala a baixos preços era a única maneira de expandir a produção auferindo lucros e enfrentando com êxito a concorrência dos demais produtores.

Sabe-se que a subida de preços a partir de 1857 tornou-se providencial para que houvesse a expansão da economia cafeeira. Sem tal aumento dificilmente seria possível suportar a elevação do preço do escravo, verificada apesar do vigoroso tráfico interprovincial e das reservas de que dispunha, uma vez que as importações nos anos que precederam imediatamente ao encerramento do tráfico ficaram bem acima das necessidades.

Ademais, à medida que se ocuparam terras mais distantes do litoral, os custos de transportes também cresceram. Assim, o aumento dos preços internacionais contra- balançou, ao menos de modo relativo, os efeitos perversos pelo lado dos custos, mantendo positivas as perspectivas do negócio cafeeiro.

Em 1863, o grosso da nova capacidade produtiva começa a entrar em ocupação e, em consequência, os preços internacionais e internos deprimem-se consideravelmente, estancando a expansão. Entretanto, em 1868 a produção mundial de café reduz-se sob o efeito de fatores naturais. Isto e a elevação do consumo mundial promoveram a subida dos preços internacionais e internos até 1875.

Todavia, já a partir de 1855 as crescentes dificuldades relativas aos transportes, bem como os crescentes custos dos fretes, fazem com que o cultivo do café seja impossível além de uma certa distância dos portos. Além dessa elevação dos custos de transportes, a economia cafeeira iria esbarrar, também, na carência de trabalho escravo a preços lucrativos. Assim, parece

O que é capitalismo

lícito concluir que os últimos anos da década de 1860 marcam a crise da economia mercantil-escravista cafeeira e, conforme veremos, o momento decisivo da crise da economia colonial.

II

Após a crise da economia mercantil-escravista cafeeira nacional, eram poucas as "chances históricas" da implantação da *grande indústria escravista*. Chances históricas reduzidas não em virtude do equívoco em que muitos historiadores e economistas incorrem ao tentarem explicar o fenômeno, qual seja, o de pensar que houve falta de proteção por parte do governo quando da tentativa de instalação daquele tipo de indústria. Basta lembrar a ação protecionista do Estado a partir do segundo quartel do século XIX.

Em 1844 decreta-se a Tarifa Alves Branco, que tributava em 30% a maioria dos artigos estrangeiros. Em 1846 foram dispensados às fábricas de tecidos de algodão vários incentivos, tais como isenção de tarifa para a importação de máquinas, isenção de impostos sobre transportes internos e externos etc. Em 1847 confirmou-se a dispensa de direitos alfandegários sobre matérias-primas destinadas às *fábricas nacionais*. Estabeleceu-se em 1857 uma revisão tarifária num sentido "um pouco mais liberal", mas se elevaram, novamente, os direitos alfandegários em 1867, até que a Tarifa Rio Branco, de 1874, "envereda por um liberalismo moderado".

Não se pode dizer, portanto, que tenha havido falta de proteção depois de 1844. Nem é lícito considerar reduzido seu nível, uma vez que a primeira tarifa norte-americana era de 5% *ad valorem* para os tecidos de algodão e a média, de 8,5%, alcança 17,5% apenas em 1810, quando a indústria têxtil já estava consolidada.

Dessa maneira, não se pode afirmar que o bloqueio à industrialização seja devido à carência de proteção. Para Cardoso de Mello o verdadeiro problema começa aí: há que explicar por que o nível de proteção, que jamais foi baixo, revelou-se insuficiente. Assim, não é difícil compreender que os custos da indústria escravista deviam ser nitidamente superiores aos da indústria capitalista. Mesmo que irreal, admita-se igual técnica, idêntico grau de utilização da capacidade produtora, mesmo preço e eficiência produtiva igual para o escravo e para o trabalhador assalariado.

Ainda assim, a taxa de lucro da indústria escravista seria muito inferior por dois motivos. Primeiro, porque o pagamento da força de trabalho é inteiramente adiantado quando há escravos, enquanto a remuneração do trabalho assalariado é realizada após seu consumo no processo produtivo.

Ademais, a rotação do capital variável é mais rápida que a do capital fixo, representado pelo escravo, que se distende por toda sua "vida útil". Assim, a produtividade do trabalhador assalariado, mesmo admitindo idênticas técnicas, utilização da capacidade produtiva e preços, haveria de ser muito maior, o que acrescentaria o diferencial de custos. Finalmente, o fosso aumentaria devido às despesas com o trabalho de vigilância.

Se se passar a raciocinar dinamicamente, as coisas ficarão muito piores para a indústria escravista. O progresso técnico é próprio do capitalismo, enquanto está praticamente excluído da indústria escravista. Portanto, o diferencial de custos iria subir constantemente, uma vez que o diferencial de produtividade também aumentaria da mesma forma.

A conclusão torna-se inevitável: "a crise da economia mercantil--escravista nacional não seria obstada via constituição da grande indústria escravista". E mais: a crise da economia mercantil-escravista nacional não encontraria qualquer saída mantendo-se escravista e mercantil. Isto por um motivo muito simples: o da existência de homens livres e pobres. Quando expandia a economia mercantil-escravista, aos homens livres e pobres era dado ceder terreno, deslocando-se para o interior ou, então, fixando-se em faixas inaproveitadas para a produção mercantil e escravista.

Quando chegava a crise, a situação desses homens em nada era afetada, uma vez que continuavam a ser produtores da própria subsistência. Nada os punha em xeque: nem a expansão nem a crise da economia mercantil-escravista. Por outro lado a economia de subsistência, dispondo de terras onde se acomodar, ia dilatando-se e fugindo da pressão demográfica. Este é, em última instância, o motivo pelo qual o capitalismo não surge: *mercado de trabalho vazio*. Ou, segundo Borja Castro, um homem da época, pela "falta de uma população superabundante que procure submeter-se ao regime monótono das grandes fábricas".

É preciso entender que os homens livres e pobres abandonariam a produção da própria subsistência apenas se impelidos pela necessidade. Assim, o *cerne da questão encontra-se nas condições de expropriação*. Após a expropriação, se esta não fosse maciça e concentrada, o mercado de trabalho não se constituiria. Não havendo condições para a transformação da força de trabalho em mercadoria — pré-requisito indispensável — estaria bloqueada a industrialização capitalista.

Então, o que se teria em breve? Nem industrialização capitalista nem economia cafeeira organizada com trabalho assalariado. A regressão, a longo prazo, iria ocorrer. Porém, houve um avanço que se iniciou com a introdução da estrada de ferro, comandada pelo capital mercantil nacional e apoiada, decisivamente, pelo capital financeiro inglês, única forma de rebaixamento dos custos de transportes.

Há que se salientar, também, que o Estado brasileiro desempenhou um papel essencial ao conceder garantia de juros aos investimentos externos em ferrovias, assegurando ao capital estrangeiro rentabilidade certa a longo prazo. Em suma, o *entrelaçamento* do capital mercantil nacional com o capital financeiro inglês, tornado possível e estimulado pelo Estado, começa por explicar o extraordinário surto ferroviário da segunda metade dos anos 1860.

Ademais, a máquina foi introduzida no beneficiamento do café nos anos 1870, no Oeste Paulista, enquanto o Vale do Paraíba continuou mergulhado nos processos rotineiros, enredado em graves dificuldades financeiras. O surgimento da grande indústria do beneficiamento teve dois efeitos básicos: poupou trabalho escravo e melhorou sensivelmente a qualidade do produto, permitindo alcançar melhores preços internacionais. O efeito sobre a rentabilidade esperada do investimento resultante das estradas de ferro e da grande indústria do beneficiamento, ao lado do comportamento dos preços, explica o significativo crescimento da produção.

A estrada de ferro e a maquinização do beneficiamento não somente reforçam a economia mercantil-escravista cafeeira nacional. Ao mesmo tempo, opõem-se a ela, criando condições para a emergência do trabalho assalariado. Estimula-se a acumulação, e a acumulação repõe, a cada instante, o problema da falta de braços, que assume, a cada momento, maior gravidade. Assim, *não é preciso esperar que* o *escravismo desintegre-se porque não oferece nenhuma rentabilidade às empresas existentes; para ser colocado em xeque, basta que obste a acumulação.*

O que é capitalismo 91

E quem sente o problema é quem comanda a acumulação, que é o grande capital cafeeiro (dominantemente mercantil).

As empresas estabelecidas na zona "velha" não estavam afetadas pelo problema da escassez de trabalhadores e se opunham, com maior ou menor vigor, à sua solução. Algumas, porque a perspectiva da abolição representava o espectro da liquidação do valor do único ativo que talvez lhes restasse, os escravos; outras, porque não poderiam arcar com os maiores custos representados pelo trabalho assalariado; todas, porque as novas empresas — que deveriam ser organizadas com trabalhadores livres — far-lhes-iam impiedosa concorrência.

A solução vislumbrada desde o início foi a *imigração*. Como se tratasse de "colonizar para o capital" e não colonizar para povoar, para ocupar vazios territoriais, a introdução de núcleos de colonização acabou não resolvendo o problema de prover trabalhadores para as fazendas necessitadas. Tentou-se a parceria em fins da década de 1840, quando o senador Vergueiro já previa para breve o fim da escravidão.

O fracasso da parceria foi rotundo, gerando queixas quer por parte dos fazendeiros quer por parte dos imigrantes. Foi ficando cada vez mais patente a conveniência de gerar um fluxo abundante de *homens pobres* que se dirigisse para a empresa cafeeira. *Pobres,* pelas razões tão bem compreendidas pelo conselheiro Antônio Prado, conforme aponta M. Hall: "Prado tornou explícita sua posição, quando notou, com satisfação, que os imigrantes, cuja passagem para São Paulo era paga, eram tão pobres que nem podiam comprar sua própria terra nem abrir pequenos negócios, mas tão-somente, trabalhar nas fazendas. 'Imigrantes com dinheiro', disse francamente, 'são inúteis para nós'".

Era necessário que o fluxo fosse abundante, porque somente assim poderiam ser obtidas baixas taxas de salários e, também, impedir que eles se transformassem em posseiros ou pequenos proprietários, ou ainda fossem para as cidades como artesãos ou fazendo trabalhos marginais.

Havia disponível um grande contingente de homens dispostos a emigrar, uma vez que no final do século passado constitui-se um mercado internacional de trabalho, no bojo das transformações sofridas por algumas economias europeias. Isso se tornou possível principalmente pela "revolução dos transportes", operada pelo barco metálico.

Assim, definiu-se uma política imigratória capaz de fazer frente à concorrência da Argentina e dos Estados Unidos — naquele momento pólos de atração da força de trabalho disponível no mercado internacional. O núcleo da política imigratória consistiria no custeio das despesas de transporte e instalação, colocando desde logo dois problemas importantes: de um lado, os gastos não poderiam recair sobre o empresário, pois o trabalhador importado era livre; de outro, definindo-se como tarefa do Estado subsidiar a imigração, impunha-se saber quem arcaria com o peso da medida.

Em resumo, pode-se dizer que a partir de 1881 o estado de São Paulo passa a financiar 50% da passagem. Em 1985, quando os preços do café começam a subir, elevando tanto a taxa de lucro efetiva quanto a taxa desejada de acumulação, a questão da *falta de braços* torna-se crítica e demanda solução urgente.

É exatamente em 1885 que o governo de São Paulo decide financiar a totalidade dos gastos com a imigração e, também, contratar a importação de trabalhadores livres junto a companhias privadas. A União também decide subsidiar a imigração, imigração esta que era para o café, pagando-se a passagem apenas para colonos que se dirigissem a estabelecimentos agrícolas.

A imigração acelera-se extraordinariamente. O Brasil recebe, de 1885 a 1888, quase 260 mil imigrantes, italianos em sua esmagadora maioria. Os salários caíram substancialmente e a expansão cafeeira tomou grande ímpeto. Logo o trabalho assalariado torna-se dominante e o abolicionismo, a princípio um movimento social que encontrava respaldo apenas nas camadas médias urbanas, vai-se difundindo.

De início, ganha a adesão das classes proprietárias dos estados não cafeeiros; depois encontra ânimo no núcleo dominante da economia cafeeira. Para Cardoso de Mello, "Abolicionismo e Imigrantismo tornaram-se uma só e a mesma coisa".

E em 1888 extinguia-se a escravidão. Fernando Henrique Cardoso em *Mudanças sociais na América Latina* coloca com precisão: "A terra já não era disponível nos fins do século XIX para que dela se apropriassem os imigrantes livres. Quando qualquer branco livre podia apropriar-se da terra, só havia um recurso — o escravo. Agora, de novo, os brancos livres: o suprimento de escravos escasseava, o desenvolvimento econômico e social do país, expresso na sua consciência jurídica, garantia que o imigrante seria inapelavelmente força de trabalho disponível".

A industrialização retardatária

Com o nascimento das economias capitalistas exportadoras o modo de produção capitalista torna-se dominante na América Latina. Porém, *o fato decisivo é que não se constituem, simultaneamente, forças produtivas capitalistas, o que somente foi possível porque a produção capitalista era exportada. Ou seja, a reprodução ampliada do capital não está assegurada endogenamente, isto é, de dentro das economias latino-americanas, face à ausência das bases materiais de produção de bens de capital e outros meios de produção. Abre-se, portanto, um período de transição para o capitalismo.*

A problemática da transição é a problemática da *industrialização capitalista* na América Latina, porque a revolução das forças produtivas, quer dizer, a industrialização, dá-se sob a dominação do capital. Assim, a industrialização capitalista deve ser entendida como o processo de constituição de forças produtivas capitalistas, mais precisamente, como o processo de passagem ao modo especificamente capitalista de produção.

O conceito de forças produtivas capitalistas deve ser entendido como um tipo de desenvolvimento das forças produtivas cuja natureza e ritmo estão determinados por um processo de acumulação de capital. Isto é, aquele conceito só encontra razão de ser à medida que se defina a partir de uma *dinâmica da acumulação especificamente capitalista,* que vai muito além do aumento do excedente por trabalhador derivado da introdução do progresso técnico.

Portanto, a constituição de forças produtivas capitalistas deve ser pensada em termos de processo de criação de bases materiais do capitalismo, ou seja, em termos da *constituição de um departamento de bens de produção*[*] *capaz de permitir a autodetermi-*

---

[*] A concepção da economia dividida em departamentos funda-se nos esquemas de reprodução ampliada de Marx, onde a reprodução é estudada a partir das relações entre dois departamentos, o produtor de bens de produção e o produtor de bens de consumo. Ver *El Capital*, vol. II, Sección Tercera, *La reproducción y circulación del capital social en conjunto,* Capítulos XX (*Reproducción Simple*) e XXI (*La acumulación y La Reproducción en Escala Ampliada*). Michal Kalecki, em sua *Teoria da dinâmica econômica — ensaio sobre as mudanças cíclicas e a longo prazo da economia capitalista* Parte II, *A determinação dos lucros e da renda nacional*, amplia o esquema de Marx para introduzir um departamento produtor de bens de consumo para capitalistas. Nas páginas que se seguem será adotada a divisão: Departamento I — produtor de bens de produção; Departamento II — produtor de bens de consumo para trabalhadores; Departamento III — produtor de bens de consumo para capitalistas. Ver a respeito Francisco de Oliveira, *A economia da dependência imperfeita*, p. 77.

nação do capital, isto é, de liberar a acumulação de quaisquer barreiras decorrentes da fragilidade da estrutura técnica do capital.

Dessa maneira, além de se admitir que a industrialização latino-americana é capitalista, é necessário também convir que a industrialização capitalista na América Latina é específica. E sua especificidade está, para Cardoso de Mello, duplamente determinada: *por seu ponto de partida,* as economias exportadoras capitalistas nacionais; e *por seu momento,* o momento em que o capitalismo monopolista torna-se dominante na escala mundial, isto é, em que a economia mundial capitalista já está constituída. É a esta industrialização capitalista que se chamará *retardatária.*

Sem dúvida alguma, pode-se afirmar que a economia cafeeira assentada em relações capitalistas de produção engendrou os pré-requisitos fundamentais ao surgimento do capital industrial e da grande indústria. A economia cafeeira capitalista conseguiu: 1. gerar, previamente, uma massa de capital monetário, concentrada nas mãos de determinada classe social, passível de transformar-se em capital produtivo industrial; 2. transformar a própria força de trabalho em mercadoria; 3. promover a criação de um mercado interno de proporções consideráveis.

Todavia, indagar as origens do capital industrial significa esclarecer três problemas: de que modo uma classe social pode dispor, numa conjuntura determinada, de uma massa de capital monetário capaz de transformar-se em capital industrial; por que essa classe portadora de capacidade de acumulação sentiu-se estimulada a converter capital monetário em capital industrial, tomando decisões de investir distintas das tradicionais; e como foi possível transformar o capital monetário em força de trabalho e meios de produção, constituindo a grande indústria.

Examinando-se o primeiro ponto, pode-se afirmar que a burguesia cafeeira foi a matriz social da burguesia industrial, ou seja, o capital industrial nasceu como desdobramento do capital cafeeiro empregado tanto no núcleo produtivo do complexo exportador (produção e beneficiamento do café) quanto em seu segmento urbano (atividades comerciais, inclusive as de importação, serviços financeiros e de transportes).

Ademais, a grande indústria não atraiu capitais do complexo cafeeiro num momento de crise porque lhes remunerasse melhor, mas, ao contrário, num momento de auge exportador, em que a rentabilidade do capital cafeeiro alcançou níveis verdadeiramente extraordinários. Também, não se pode negar, o movimento do capital cafeeiro ao capital industrial beneficiou-se das condições bastante favoráveis de financiamento, decorrentes da política econômica do Estado.

O segundo ponto é saber de que modo os capitais cafeeiros excedentes convertem-se em capital industrial. A imigração em massa fez com que um grande contingente de trabalhadores livres ficasse à disposição do capital industrial. Por sua vez, a reprodução da força de trabalho industrial exigiria a existência prévia de alimentos e de bens de consumo para trabalhadores. Tanto os alimentos como os bens de consumo para trabalhadores teriam de ser importados, uma vez que até então não haviam ocorrido as transformações necessárias para que ambos fossem aqui produzidos.

Finalmente, a transformação do capital monetário em meios de produção estaria, do mesmo modo, atrelada à geração de divisas pelo complexo exportador cafeeiro, seja diretamente, seja indiretamente, ao promover a entrada líquida de capitais externos.

Em suma, o complexo exportador cafeeiro, ao acumular, gerou o capital-dinheiro que se transformou em capital industrial

O que é capitalismo 97

e criou as condições necessárias a essa transformação: uma oferta abundante no mercado de trabalho e uma capacidade para importar alimentos, meio de produção e bens de consumo assalariado, o que só foi possível porque se estava atravessando um auge exportador.

Apenas um tipo de indústria foi capaz de surgir, a grande indústria produtora de bens de consumo assalariado, especialmente a *têxtil*. Cardoso de Mello formula, então, uma questão decisiva: por que, concomitantemente, não nasce a indústria de bens de produção? Ou seja, por que não se constituem, no momento do nascimento do capital industrial, forças produtivas capitalistas?

Ele próprio trilha a resposta, começando por considerar que nas duas últimas décadas do século passado a indústria pesada, especialmente a siderúrgica, atravessa uma profunda mudança tecnológica que aponta para gigantescas economias de escala e, portanto, para um enorme aumento das dimensões da planta mínima e do investimento inicial.

Assim, problemas praticamente insolúveis de mobilização e concentração de capitais já se apresentam, bem como se tornam extraordinários os riscos do investimento numa economia como a brasileira em que o capitalismo apenas engatinhava. Além disso, a tecnologia da indústria pesada era extremamente complexa e não estava disponível no mercado.

Muito diferente era o panorama da indústria de bens de consumo para trabalhadores, especialmente da indústria têxtil: a tecnologia relativamente simples, mais ou menos estabilizada, de fácil manejo e inteiramente contida nos equipamentos disponíveis no mercado internacional; tamanho da planta mínima e volume do investimento inicial inteiramente acessíveis à economia brasileira de então. São essas, em essência, as considerações que explicam a "preferência" pela indústria de bens de consumo para trabalhadores.

Sérgio Silva, em *Expansão cafeeira e origens da indústria no Brasil,* deixa claro que as relações que se estabelecem entre o capital cafeeiro e o capital industrial não são unívocas como certas interpretações levam a crer; em que ora o café estimula a indústria, ora ao contrário, a bloqueia.

Na realidade, o que ocorre é um modo de articulação contraditório entre as duas formas de capital, no qual se bem que o *capital cafeeiro* dê nascimento e estimule a grande indústria, ao mesmo tempo impõe limites estreitos à *acumulação industrial.* A este modo de articulação entre o capital cafeeiro e o capital industrial corresponde um determinado padrão de acumulação que contêm em si mesmo *unidade e contradição.*

Para Sérgio Silva, "a *unidade está no fato de que o desenvolvimento capitalista baseado na expansão cafeeira provoca o nascimento e um certo desenvolvimento da indústria; a contradição, nos limites impostos ao desenvolvimento da indústria pela própria posição dominante da economia cafeeira na acumulação de capital".*

Essa tese inclui as relações entre a indústria nascente e o capital estrangeiro, dado que as formas concretas do desenvolvimento capitalista no Brasil, em particular o papel dominante do setor exportador nesse desenvolvimento, são uma consequência direta da posição subordinada da economia brasileira no seio da economia mundial. A própria economia cafeeira, a sua condição como centro motor do desenvolvimento no Brasil, não é senão a forma concreta de inserção do Brasil na economia mundial, a forma como se desenvolve o capitalismo em um país que ocupa uma posição subordinada na economia mundial.

O que é capitalismo 99

O período que se estende de 1888 a 1933 marca o momento de nascimento e consolidação do capital industrial. Mais que isso, o intenso desenvolvimento do capital cafeeiro gestou as condições de sua negação, ao engendrar os pré-requisitos fundamentais para que a economia brasileira pudesse responder criativamente à "crise de 29".

De um lado, constituem-se uma *agricultura mercantil de alimentos e uma indústria de bens de consumo para trabalhadores* capazes de, ao se expandirem, reproduzir ampliadamente a massa de força de trabalho oferecida no mercado de trabalho, que já possuía dimensões significativas. De outro, forma-se um núcleo de indústrias leves de bens de produção *(pequena indústria do aço, cimento etc.)* e, também, uma agricultura mercantil de matérias-primas que, ao crescerem, ensejariam a reprodução ampliada de fração do capital constante sem apelo às importações.

A recuperação da economia promovida objetivamente pela política econômica do Estado fez com que a capacidade ociosa criada pelo desfalecimento da demanda e, mesmo em certos casos, a trazida de antes da crise, fosse preenchida. Com isso, a lucratividade corrente das empresas foi recomposta ou, naqueles casos, aumentada.

A indústria leve de bens de produção obteve alta taxa de lucro, favorecida pelo forte protecionismo externo gerado pela quebra da capacidade para importar. Por outro lado, o investimento nas indústrias de bens de consumo para trabalhadores foi bloqueado pela proibição de importação de novos equipamentos, vigente de 1931 a 1937.

Desencadeou-se, então, uma expansão econômica fundada em novas bases que só foi possível por dois motivos: porque *já* dispúnhamos de certa capacidade de acumulação e devido a medidas de política econômica que sustentaram relativamente a capacidade para importar — por exemplo, a retirada maciça pelo Estado dos excedentes de café do mercado internacional — e a sua reserva, até 1937, para a ampliação da indústria leve de bens de produção, o que exigiu a sobreutilização da capacidade produtiva da indústria de bens de consumo para trabalhadores.

II

Para Cardoso de Mello, em 1933 inicia-se uma nova fase do período de transição, porque a acumulação move-se de acordo com um novo padrão. Nessa fase, que se estende até 1955, ocorre um processo de *industrialização restringida*. Há *industrialização* porque a dinâmica da acumulação passa a assentar-se na expansão industrial, ou melhor, porque existe um *movimento endógeno de acumulação,* em que se reproduzem, conjuntamente, a força de trabalho e parte crescente do capital constante industriais.

Todavia, tal industrialização se encontra *restringida* porque as bases técnicas e financeiras da acumulação são insuficientes para que se implante, *num golpe,* o núcleo fundamental da indústria de bens de produção, que permitiria à capacidade produtiva crescer adiante da demanda, autodeterminando o processo de desenvolvimento industrial.

Há, durante toda essa fase, um crescimento mais que proporcional do departamento de bens de produção. Assim, o problema crucial consiste em explicar por que a industrialização manteve-se restringida, ou melhor, por que não se instalou o núcleo fundamental do departamento de bens de produção,

O que é capitalismo

mas, ao contrário, sua implantação deu-se de maneira limitada e relativamente lenta, ampliando-se as bases técnicas da acumulação pouco a pouco, sempre a reboque da demanda.

Precisa ser examinado, pois, o esquema de acumulação que serviu de base ao nascimento da indústria pesada dos bens de produção no Brasil. Nenhuma indústria pesada surgiu a partir da expansão do mercado interno de bens de consumo final. Historicamente, a indústria pesada nasceu apoiada na *grande inovação,* representada pela estrada de ferro e contou, nos países "atrasados" (Estados Unidos, Alemanha, Japão e Rússia), com o suporte decisivo do Estado e com o apoio, não menos importante, do grande capital bancário, que, mobilizando e concentrando capitais, acabou por mesclar-se ao capital industrial.

Na *industrialização retardatária* os obstáculos a transpor eram muito mais sérios. O nascimento tardio da indústria pesada implicava uma descontinuidade tecnológica muito mais dramática — quando comparada com os países "atrasados" em relação ao capital industrial —, uma vez que se requeriam agora gigantescas economias de escala, maciço volume do investimento inicial e tecnologia altamente sofisticada. Tecnologia essa praticamente não disponível no mercado internacional, pois era controlada pelas grandes empresas oligopolistas dos países industrializados.

Assim, não é difícil entender que os riscos do investimento privado tornam-se insuportáveis num capitalismo como o brasileiro, dotado de bases técnicas muito estreitas. Além do mais, mesmo que o Estado definisse um bloco de investimentos (por exemplo, em energia elétrica e transportes ferroviários) que servisse de apoio ao capital industrial, restariam para serem enfrentados graves problemas de obtenção de tecnologia no exterior, de mobilização e centralização de capitais e de financiamento externo, criados pelas inversões públicas e privadas.

Há, no entanto, outra razão que é decisiva. O capital industrial dispunha de oportunidades lucrativas de inversão, com um risco baixo, na medida em que percorresse seu "caminho natural", enfrentando sempre as "linhas de menor resistência": expandir a indústria existente e promover a diferenciação limitada do setor de bens de produção e do setor de bens de consumo, com a formação da indústria de bens duráveis "leves"; ou, ainda, converter-se em capital mercantil, invadindo, por exemplo, o ramo imobiliário urbano e o de comercialização de produtos agrícolas.

No período 1933-1955, em tais circunstâncias, o que se exige do *Estado* é bem claro: 1. garantir forte proteção contra as importações concorrentes; 2. impedir o fortalecimento do poder de barganha dos trabalhadores (que poderia surgir com um sindicalismo independente); 3. realizar investimentos em infraestrutura, assegurando economias externas baratas ao capital industrial. Quer dizer, um tipo de ação político-econômica inteiramente solidário a um esquema privado de acumulação que repousava em bases técnicas ainda estreitas.

Não obstante, o padrão de acumulação industrial punha *limites objetivos* à ação econômica do Estado. Isto porque sua capacidade de apropriação era bastante restrita, pois se espelhava num poder financeiro amparado por frágeis alicerces tributários. E, também, impedia que o Estado dispusesse de uma parcela considerável de capacidade para importar, ao ocupá-la na operação e expansão da indústria leve, numa situação em que eram reduzidas as possibilidades de financiamento externo. Assim, o Estado encontrava dificuldades para realizar investimentos na indústria pesada de bens de produção.

O que é capitalismo 103

Foi por isso que não bastou ao Estado Novo (1937-1945) definir claramente, por razões de defesa nacional, um ambicioso bloco de inversões pesadas: a siderurgia tornou-se possível apenas porque o governo dos Estados Unidos, durante a Segunda Guerra Mundial, concedeu, por motivos político-militares, o indispensável financiamento externo e assegurou o fornecimento dos equipamentos.

A questão do petróleo arrastou-se até 1954, e a experiência com a indústria química pesada revelou-se amarga, em grande medida devido ao acesso bastante restrito à moderna tecnologia. Mesmo os investimentos públicos em infraestrutura, que eram inteiramente solidários ao padrão de acumulação, atrasaram-se consideravelmente, gerando "pontos de estrangulamento" em energia e transportes.

Os problemas de mobilização de capitais e de suficiente capacidade para importar poderiam ser enfrentados, com facilidade, pela grande empresa internacional, caso decidisse investir no Brasil. No entanto, o período 1930-1946 não foi particularmente favorável à exportação de capital devido a uma sequência de eventos decorrentes da Grande Depressão.

Durante os anos de crise economias centrais, o grande capital oligopolista passou por severas restrições financeiras decorrentes das fortes quedas do volume de vendas, quebra da margem de lucros e aumento da capacidade ociosa. No período imediato de recuperação da Depressão, os investimentos internos absorveram a maior parte do excedente de capital nas economias centrais e logo depois estourava a guerra.

O período que seguiu à Depressão caracterizou-se por uma volta a padrões de crescimento *nacional-autárquicos* e, em vários casos, sob regime de força, onde os Estados nacionais passaram a centralizar ainda mais o financiamento à acumulação de capital, principalmente para os meios de produção e setores básicos. Dentro desse clima de agressiva competição capitalista internacional, a exportação de capital produtivo pesado tornava-se ainda mais restringida pelos próprios Estados nacionais, empenhados em defender suas respectivas vantagens tecnológicas e reservar capacidade básica de acumulação para sustentar a indústria militar.

São essas as razões que explicam, basicamente, por que foi limitada, lenta e a reboque da demanda a implantação do núcleo fundamental da indústria de bens de produção. Como também são elas que esclarecem por que coube ao Estado papel de relevo no alargamento das bases produtivas do capitalismo, quer como empresário na indústria de base, quer promovendo o rompimento dos "pontos de estrangulamento" em energia e transportes.

Uma vez restringida a industrialização, a acumulação industrial continuou submetida ao *limite em última instância* imposto pela capacidade para importar, e a economia brasileira persistiu ocupando uma posição subordinada na economia mundial capitalista.

III

O Plano de Metas de Juscelino Kubitschek (1956-1961) representou o maior bloco de investimentos até então registrados na economia brasileira. A palavra-chave de todo o processo era industrialização. Tendo em mãos os estudos e projetos elaborados pelo Grupo Misto BNDECEPAL, pôde o governo levar avante seu Plano com o ousado *slogan 50 anos em 5*, apenas acrescentando aos projetos a obra faraônica representada pela construção de Brasília.

O que é capitalismo

Os objetivos gerais do Plano consistiam em essência na tentativa de abolir os pontos de estrangulamento da economia por meio de maciços investimentos em infraestrutura, que ficariam a cargo do Estado. Concomitantemente, por meio de estímulos aos investimentos privados nacionais e estrangeiros, deveriam se expandir a indústria de base, a indústria pesada, a de material elétrico e a automobilística.

O financiamento da acumulação e os investimentos evidenciavam a formação do "tripé" composto pelo capital nacional, pelo capital estrangeiro e pelo Estado. As formas de financiamento da acumulação se davam por quatro vias fundamentais: a entrada de capital estrangeiro, a ampliação da participação do Estado, o esforço de canalizar recursos para áreas consideradas estratégicas (subsídios) e, por fim, a inflação anual de aproximadamente 20%, que ajudava a financiar os gastos públicos.

Outra característica importante do período é que estava em marcha uma certa mudança da posição do Brasil na divisão internacional do trabalho, no sentido do uma economia brasileira exportadora de bens manufaturados e importadora de tecnologia e capitais diferente das formas anteriores, em que o Brasil preponderantemente exportava matérias-primas e importava bens manufaturados.

A política econômica do período Kubitschek produziu, então, um amplo e profundo surto de internacionalização da economia brasileira que se afirmava principalmente pela implantação de um poderoso departamento de bens de consumo não duráveis (ou bens de consumo para capitalistas).

O ciclo de acumulação que se configurava tinha por setor mais dinâmico o departamento de bens de consumo não duráveis, o que significou uma relativa atrofia do departamento de bens de produção. Esse processo reforçava as tendências estruturais da economia brasileira de importadora da parcela fundamental do departamento de bens de produção, representada por máquinas e tecnologia. Nesse setor, o Estado incumbia-se dos bens intermediários (siderurgia, energia elétrica etc.).

As consequências dessa reestruturação demarcarão as origens dos problemas estruturais que a economia brasileira enfrentará a longo prazo, decorrentes da contradição expressa entre uma industrialização voltada para o mercado interno e a insuficiência de geração de meios de pagamento internacionais para satisfazer às importações de bens de produção e remessa da remuneração do capital internacional aqui empregado. Os efeitos dessa contradição aparecerão como uma crise recorrente de balanço de pagamentos.

A ação do Estado foi decisiva, em primeiro lugar, porque se mostrou capaz de investir maciçamente em infraestrutura e nas indústrias de base sob sua responsabilidade, o que estimulou o investimento privado não só por lhe oferecer economias externas baratas mas, também, por lhe gerar demanda.

Coube-lhe, também, estabelecer as *bases da associação* com a grande empresa oligopólica estrangeira, definindo claramente um esquema de acumulação e concedendo-lhe generosos favores. Encontrando um esquema de acumulação bem definido em que se apoiar e gozando de amplos incentivos, a grande empresa oligopólica estrangeira decidiu investir no Brasil.

Estado e grande empresa oligopolista internacional comandaram o processo de industrialização pesada. No entanto, o capital industrial nacional não foi ferido em seus *interesses concretos*. A burguesia industrial nacional não poderia afrontar, por si só, os problemas da industrialização pesada (acesso à tecnologia externa, financiamento interno e externo), uma vez que estava ancorada nas indústrias leves e detinha um frágil poder de acumulação. Mais que isso, não era mesmo capaz sequer de definir com o Estado um esquema de acumulação que não significasse a *estatização* quase completa dos novos setores. Sua fraqueza política, que correspondia à sua fragilidade econômica, retirava-lhe qualquer esperança de *privatizar*, no futuro, o Estado. Por isso mesmo, o *capital industrial nacional* "optou" pela entrada do *capital estrangeiro* nos novos setores e pelo papel relativamente limitado do Estado como empresário.

Além disso, a industrialização pesada promoveu uma forte expansão do capital industrial nacional. Nos setores metal-mecânicos que se instalam, a demanda derivada da grande empresa estrangeira estimula o surgimento, crescimento e modernização da pequena e média empresa nacional, formando-se um oligopólio diferenciado, mesclado pela grande empresa estrangeira, com um cordão de pequenas e médias empresas nacionais, tanto fornecedoras quanto distribuidoras. *Há na expansão uma profunda solidariedade, em nível da acumulação, entre Estado, empresa internacional e empresa nacional — o que não elimina fricções de ordem secundária.*

A industrialização do período configura um ciclo de acumulação e, por isto, compreende dois momentos: o de expansão, entre 1956 e 1961, e o depressão, entre 1962 e 1967. A depressão manifesta-se antes por uma queda das taxas de acumulação que por uma deflação generalizada de preços e salários, tanto devido ao caráter oligopolizado dos mercados industriais, com forte predominância da empresa internacional, quanto por causa do alto peso do investimento público, que asseguram um patamar mínimo de inversões.

A evolução da economia brasileira a partir dos anos 1960

I. A Depressão e o PAEG

A reversão cíclica no início dos anos sessenta logo se tornou evidente. A taxa de crescimento do Produto Interno Bruto (PIB) que em 1961 foi de 7,3%, baixou para 5,4% em 1962, foi para 1,6% em 1963 e depois, em 1964, atingiu 3,1%. Enquanto isso, as taxas de crescimento da população no período foram, em média, de quase 3%.

A crise política que acompanhou a crise econômica de superacumulação no início dos anos sessenta teve como resultado um desenlace conservador, coroado com o golpe militar de março de 1964 e a ascensão ao poder do Estado das Forças Armadas. Frente às enormes dificuldades na economia, a nova equipe econômica encabeçada por Roberto Campos e Octávio Gouvêa de Bulhões elaborou o Plano de Ação Econômica do Governo (PAEG), que deveria dar as diretrizes gerais de política econômica no período 1964-1966 e que indicava como problema central a aceleração da taxa de inflação que, mantida a tendência, atingiria 144% no final do ano.

O diagnóstico elaborado pela equipe Campos Bulhões atribuía a exacerbação das pressões inflacionárias ao excesso de demanda e aos demagógicos aumentos salariais.

A terapia recomendada implicou a mobilização dos instrumentos clássicos de estabilização: corte no gasto público, aumento da carga tributária, contenção de crédito e arrocho salarial.

Criou-se um mecanismo — que se queria não inflacionário — de financiamento do déficit do Tesouro, por meio do lançamento de Obrigações Reajustáveis do Tesouro Nacional

O que é capitalismo 109

(ORTN), sujeitas a cláusulas de correção monetária, providência indispensável para a mobilização de recursos numa conjuntura de preços elevados. Foram criados o Banco Central e o Conselho Monetário Nacional, que tirara o controle monetário das mãos do Banco do Brasil e tinha como função executar a política monetária do governo, que pretendia restringir tanto quanto possível a expansão dos meios de pagamento.

Outro núcleo importante da política de estabilização esteve concentrado na fixação dos salários, cujos reajustes anuais eram vistos como fator decisivo do processo de realimentação inflacionário. Engendrou-se um sistema de cálculo de modo que os salários fossem sempre reajustados abaixo dos índices efetivos da inflação.

Finalmente, foram liberadas as tarifas de utilidade pública com o objetivo de eliminar um foco de pressão sobre o Tesouro, representado pelos déficits correntes das empresas do Estado. A esse conjunto de providências voltadas ao combate à inflação, o PAEG adicionou proposições que pretendiam solucionar as questões de longo prazo. Sua maior preocupação era com o estímulo à poupança privada, cujo volume insuficiente era identificado como o problema crucial do crescimento econômico. A formação e mobilização destas poupanças exigiria uma reordenação do sistema financeiro e medidas que tornassem mais atraentes o investimento externo. Essa reordenação foi realizada por meio da criação de instituições especializadas. Caberia às financeiras suprir recursos para o consumo de bens para capitalistas, aos bancos comerciais o financiamento do capital de giro das empresas e a um novo personagem — banco de investimento — caberia o financiamento de longo prazo.

Ao mesmo tempo, o mercado acionário deveria passar a cumprir a tarefa de tornar líquidos os ativos, concentrar e canalizar recursos para a capitalização das empresas. Para impulsioná-lo, criaram-se Fundos de Investimento formados com recursos deduzidos do Imposto de Renda. No bojo desta reforma do mercado de capitais foi criado o Banco Nacional de Habitação (BNH), que, amparado por recursos do Fundo de Garantia por Tempo de Serviço (FGTS), destinava-se a estimular o setor de construção civil, garantindo, em última instância, as agências privadas de crédito imobiliário. Simultaneamente, foi reformada a lei de Remessa de Lucros, concedendo ao capital externo generosas condições de expatriação de rendimentos.

A política de estabilização resultou imediatamente aprofundamento da crise, sucedendo-se uma onda de liquidações de empresas pequenas e médias, que foi acompanhada pelo alargamento das margens de capacidade ociosa das grandes empresas. Superada a fase aguda, retornou-se ao aperto do crédito em 1967 e com ele sobreveio nova "crise de estabilização", que acelerou a queima de capital excedente produzido pela expansão anterior criando, assim, as condições indispensáveis para que se promovesse a centralização necessária para a retomada. O corte drástico no gasto público penalizou a indústria de bens de produção. A taxa de investimento das empresas públicas do setor declinou substancialmente, e o governo, deliberadamente, bloqueou sua expansão.

A política salarial, caracterizada pelo chamado *arrocho*, cumpriu um papel importante no que se refere à indústria como um todo, qual seja, o de rebaixar os custos primários. Este papel foi crucial para impedir uma quebradeira generalizada de pequenas e médias empresas, estas sim incapazes de pagar salários maiores. Também por isso se impediu uma negociação mais livre de salários, o que permitiria, certamente, uma diferenciação das remunerações de base, se se levar em conta a capacidade também diferenciada da pressão sindical nos diversos setores. O arrocho salarial, além de contemplar diferencialmente os vários capitalistas, era compatível com a política do próprio governo, empenhada em comprimir seus gastos correntes.

II. O milagre e sua crise

O período do chamado *milagre econômico* caracterizou-se por uma forma de desenvolvimento capitalista que beneficiou o capital monopolista e que exclui as massas populares da esfera dos direitos políticos e econômicos.

Quanto à estrutura econômica, a organização da produção foi sistematizada sobre dois eixos básicos: 1. a produção de bens de consumo duráveis para absorção de uma fatia privilegiada do mercado interno; 2. o assim chamado esforço exportador, que, mantendo a tradicional dimensão exportadora da economia brasileira, baseada em bens primários, a ela buscou agregar um componente de bens manufaturados.

No "milagre" (1968-1973), o polo dinamizador da economia esteve montado sobre a produção de bens de consumo duráveis, notadamente a indústria automobilística e seus correlatos, bem como de produtos afins dos denominados bens de consumo para capitalistas. Destinada ao mercado interno, essa forma de produção tinha que gerar um privilegiado mercado de consumo, socialmente muito restrito, numericamente acanhado, mas suficientemente dimensionado para absorver a produção efetiva, e assim realizar a mais-valia criada.

A concentração de renda é, pois, decorrência lógica (e necessária) da organização da produção posta em andamento, sendo que a miséria produzida pelo "milagre" resulta da organização da produção que ele subentende.

Quanto ao setor de bens de consumo duráveis, há que ressaltar ainda sua condição de propriedade dos capitalistas estrangeiros. E, em decorrência, que a realização final da mais-valia por ele apropriada só se efetiva na sua remessa para o exterior. Produzindo para consumo do mercado interno brasileiro, realiza a sua mais-valia em cruzados, que precisam ser convertidos em dólares, quando se trata de remeter o produto de suas operações para os centros que o comandam e o determinam.

Além disso, o desenvolvimento da produção de bens de consumo duráveis implica, nas condições do subdesenvolvimento brasileiro, a importação de bens de produção e insumos básicos. Isso significa, no conjunto, a necessidade de obter volumosas quantidades de divisas. Daí o chamado *esforço exportador* para obter dólares. Todavia, nunca foi capaz de atender às necessidades na geração de tais recursos — daí o crônico e crescente desequilíbrio da balança comercial e, correlativamente, da balança de pagamentos. Como consequência, foi se compondo com grande velocidade o endividamento externo.

Acerca do gasto público, tanto no período JK quanto na etapa do "milagre", ele funcionou como um acelerador da expansão. No período JK, salvo a construção de Brasília, o gasto esteve concentrado na formação de infraestrutura diretamente exigida pelo novo bloco de inversões. Na expansão do período do milagre, aumenta o peso dos gastos improdutivos, destinados a suportar e estimular o festival automobilístico, gerando carências quase insanáveis no que se refere ao saneamento básico, transporte urbano de massa etc.

Durante a expansão do período do "milagre" o Estado, contrariamente a muitas afirmações, não aumentou, em termos relativos, sua propriedade sobre os meios de produção. Por meio da empresa pública procurou acompanhar o crescimento de toda a economia, aumentando sua capacidade de autofinanciamento e de acumulação financeira, tentando também diversificar seus investimentos, como faria qualquer grande empresa.

Isso não significa, porém, que cresceu o peso do chamado setor produtivo estatal no conjunto das grandes empresas, pois sua taxa de crescimento não foi superior à de suas congêneres privadas. O Estado acentuou seu papel de mobilizador e concentrador de excedente, agindo apenas como um mero repassador de fundos ao setor privado. Em suma, o Estado criou as condições, pelo manejo da política de estabilização, para que o ciclo do "milagre" tivesse como eixo a indústria de bens de consumo para capitalistas e, também, já na expansão propriamente dita, sancionou integralmente esse padrão de crescimento.

Após demonstrar que o crescimento do período 1968-1974 fez-se com a clara dominância do setor de bens de consumo para capitalistas, cumpre examinar mais alguns aspectos decisivos da dinâmica particular desse crescimento, apontando as contradições dele decorrentes.

Para que houvesse um crescimento acelerado do setor de bens de consumo para capitalistas era indispensável que ocorressem duas condições: a existência de capacidade ociosa e a expansão das margens de endividamento das famílias. A primeira condição estava colocada pela própria crise, aprofundada pela política de estabilização em 1967.

A segunda foi preenchida pela reforma do mercado de capitais, que permitiu a mobilização de excedentes financeiros de empresas e famílias para financiamento do consumo. Esse novo esquema de financiamento ao consumo funcionou, portanto, como uma elevação autônoma da demanda de bens de consumo para capitalistas, determinando que a recuperação seja feita por meio deste setor, atingindo, à medida que ocorria, os setores situados na retaguarda da estrutura industrial (aço, vidro, borracha etc.). A recuperação da indústria de bens de produção dá-se depois da expansão do setor de bens de consumo para capitalistas, o que implica uma defasagem dos ritmos de acumulação.

A existência desse hiato terá repercussões importantes para a dinâmica da economia, uma vez que, por sua própria natureza, a indústria de bens de consumo para capitalistas é incapaz de manter um crescimento autogerado, como o é a indústria de bens de produção. Isto porque preliminarmente, há uma fratura entre a ampliação de sua taxa de acumulação e o crescimento de sua demanda efetiva.

Ao contrário da indústria de bens de produção, a indústria de bens de consumo para capitalistas exige, para a continuidade de seu crescimento acelerado, uma contínua ampliação das taxas de crescimento da demanda que não é capaz, por si só, de gerar. Além disso, uma outra fonte importante de expansão do setor foi representada pela diferenciação de modelos, acompanhada pelo encurtamento do período de obsolescência dos bens de consumo para capitalistas, tudo isso apoiado por intensa manipulação publicitária.

É importante destacar, também, que essa indústria contava com largas margens líquidas de endividamento das famílias garantidas tanto pelo sistema financeiro, voltado para o atendimento de seus interesses, quanto pelo crescimento da renda provocado pela sua própria expansão.

Em suma, o crescimento acelerado da indústria de bens de consumo para capitalistas é de fôlego curto, sobretudo num país cuja base da pirâmide salarial não pode ter acesso a esses bens, ficando apenas algumas frações de classe ou de renda em condições de consumi-los.

Dessa maneira, os anos de 1972-1973 assistiram ao auge do ciclo econômico. A taxa de investimento chegou a atingir cerca de 27%, nível efetivamente elevado para qualquer economia capitalista. A taxa de acumulação da indústria de bens de produção começa a acelerar-se a partir de 1970, atingindo seu ponto mais alto em 1973. No entanto, a taxa de expansão do setor de bens de consumo para capitalistas, já em 1972, começa a dar mostras de desfalecimento.

Todavia, a política econômica adotada pelo governo e a aceleração vertiginosa do crescimento da indústria de bens de produção conseguiram manter a demanda de bens de consumo para capitalistas em um patamar bastante elevado, ainda que a uma taxa declinante. O declínio da taxa de acumulação do setor de bens de consumo para capitalistas começa a arrastar os demais setores, já no final de 1973. A recessão só não vem porque o investimento das grandes empresas não é paralisado, apenas diminui seu ritmo. E, também, porque o gasto público manteve-se em nível elevado, reforçado por uma política monetária permissiva. Em 1975 a crise já é por demais patente, uma vez que o investimento privado sofre corte substancial.

Com relação ao endividamento externo, o serviço da dívida (juros mais amortização da quantia originalmente emprestada) exigiria um crescimento das exportações da ordem de 25% ao ano, objetivo considerado impossível de se atingir. Isso significa que daí em diante o controle efetivo do desequilíbrio externo requereria, fatalmente, o reescalonamento da dívida, o que implicaria considerar os interesses dos bancos privados internacionais e de empresas coligadas.

No II PND (Plano Nacional de Desenvolvimento) deu-se ênfase à indústria de base e de bens de capital. No entanto, o plano fracassou, e a maior razão desse fracasso foi determinada pela incapacidade de ajustar-se aos interesses da grande empresa estatal, grande empresa nacional privada e corporação multinacional.

Ocorreu que nenhum dos interesses ou bloco de interesses foi capaz de impor-se, viabilizando o objetivo fixado pelo Estado. Nessas circunstâncias, o Estado viu-se pressionado por uma onda de solicitações contraditórias, sendo incapaz de conciliá-las e atendê-las. Assim, nem a definição dos projetos foi feita levando em conta os interesses concretos, nem os interesses concretos puderam se impor sem a mediação do Estado.

O chamado setor produtivo estatal não possui autonomia financeira suficiente para liderar a expansão futura, pois não ha nenhuma articulação orgânica entre as várias empresas públicas que atuam como oligopólios isolados. Assim, não há a possibilidade de uma gestão conjunta de recursos que permita a centralização do capital e sua canalização para novos investimentos, bem como não se conseguem fixar prioridades que privilegiem certos programas de inversão em detrimento de outros.

Por outro lado, a grande empresa internacional, diante da crise mundial, mantém um comportamento cauteloso: não está disposta a envolver-se em projetos por demais ambiciosos nem a investir sem que lhe sejam oferecidas vantagens de monta. Não está comprometida com os nossos destinos, como potência capitalista, mas sabe que o avanço do capitalismo no Brasil só terá êxito com sua ampla participação.

No período de 1975-1980, a economia se debate entre uma taxa de crescimento declinante, mas assim mesmo em níveis de 7 a 8% ao ano, e uma taxa de inflação crescente. A ampliação da dívida externa, que no final da década já alcançava 80 bilhões de dólares, serve como sustentação do processo de crescimento, ao preço da internalização da inflação ascendente.

O governo passa a utilizar a dívida pública interna, por meio da emissão e colocação de títulos da dívida pública, não apenas como instrumento de política monetária, mas sobretudo como forma de sustentação da rentabilidade das empresas — o que finalmente desemboca na expansão do déficit público, outro realimentador da espiral inflacionária.

III. Os anos 1980

A adoção de uma política de cunho nitidamente ortodoxo e recessivo, no período 1981-1983, tinha por objetivo fundamental controlar o desequilíbrio externo, *gerando superávits* significativos na balança comercial. O governo entendia que a queda do patamar inflacionário deveria vir como subproduto.

Essa alteração nos rumos da política econômica foi súbita, e, já em 1981, o PIB apresentou um decréscimo de 1,6%. Todavia, o resultado em termos de balança comercial não foi dos mais auspiciosos, pois o recrudescimento do protecionismo e a queda dos preços dos produtos primários em função da valorização do dólar, entre outros fatores, levaram a um pequeno superávit de US$ 1,2 bilhão, a despeito da brutal recessão interna.

A situação de 1982 é similar à de 1981: crescimento de apenas 0,9% no produto e um superávit comercial que não atinge US$ 800 milhões. Frente às maiores adversidades no plano externo (quebra da economia mexicana em setembro de 1982 e pressões da dívida externa de curto prazo), o governo brasileiro administra o remédio recessivo em doses ainda mais intensas a partir de 1983, admitindo, passadas as eleições, o recurso ao Fundo Monetário Internacional (FMI).

No final de 1982, o estancamento do fluxo de recursos externos instabiliza definitivamente as condições de formação dos preços. Até 1982, a inflação não estourou o patamar de 100% porque esbarrou numa violenta contração da atividade econômica interna que reduzia o custo da mão de obra e impunha certos limites para a aceleração dos preços.

Contudo, mesmo a recessão que se aprofunda violentamente em 1983 não é suficiente para sustentar esse patamar: à incerteza generalizada que predomina a partir do final de 1982 combina-se uma maxidesvalorização do cruzeiro de 30% (decretada em fevereiro de 1983), jogando o patamar inflacionário para mais de 200%. Mesmo após o segundo semestre, quando o governo reduz ainda mais os salários, não se consegue reduzir a velocidade de crescimento dos preços.

A partir de 1984, puxada basicamente pela demanda externa, a economia brasileira começa a experimentar os primeiros sinais de recuperação. O amadurecimento retardado de alguns projetos do II PND (que começa a se fazer sentir mais intensamente a partir de 1983), o ajuste efetivado pelos três anos de recessão e, finalmente, a convergência de algumas alterações na economia mundial favoráveis ao país (queda da taxa de juros e queda dos preços do petróleo), vão, aos poucos, colocando a economia brasileira em situação mais favorável que o momento anterior.

O ano de 1983 fecha com um superávit de US$ 6,5 bilhões, enquanto se observa uma recessão de 3,3% no PIB. Já em 1984 o superávit alcançava US$ 13 bilhões, mas combinado a um crescimento de 4% no PIB. A inflação, contudo, não diminui para menos do que 200% ao ano.

O movimento conjuntural acima descrito (1981-1984) registra um ajuste que tem na sua praticidade uma política

O que é capitalismo   119

econômica com o objetivo de geração de superávits crescentes e sucessivos na balança comercial, no sentido de mudar o peso das exportações na dinâmica da acumulação e do financiamento. É o padrão de acumulação instalado a partir do Plano de Metas, que inscreveu a economia brasileira num padrão internacional de crescimento em que a internacionalização produtiva e financeira são dois aspectos do mesmo processo.

IV. A dívida externa

Com relação à dívida externa, pode-se afirmar que seu enfrentamento por parte do governo se constituiu, no início dos anos oitenta, num dos mais importantes aspectos da crise do período. Observou-se, ainda na década de setenta, um enorme crescimento do volume da dívida, pois nessa época ocorreu a crescente *estatização* das tomadas diretas realizadas junto ao sistema financeiro internacional.

No primeiro período de forte aceleração do ingresso de recursos (1972-1973), o setor privado respondia por cerca de 60% do total captado. Em 1975, esse percentual caiu para 50%, enquanto que, no final do período, a predominância absoluta já é do setor público, com 77% das captações totais.

No início dos anos oitenta, o endividamento externo brasileiro teve como peculiaridade o crescente peso que o componente financeiro foi assumindo na determinação de novos acréscimos da dívida. As taxas de juros no mercado internacional se elevaram violentamente, resultando num efeito desestabilizador sobre nossas contas externas.

A contração das linhas internacionais de crédito de curto prazo, que se seguiu à moratória mexicana (agosto de 1982),

causou um rápido esgotamento das reservas externas brasileiras. O governo, na época, achava que essa crise de liquidez seria
temporária e o acesso às fontes privadas de crédito internacional seria restabelecido assim que a "tormenta mexicana" pas-
sasse.

Dessa forma, após as eleições de novembro de 1982, os ne-
gociadores brasileiros assinaram com o FMI um acordo pluria-
nual de estabilização como condição prévia para assentarem-se,
em fevereiro de 1983, os mecanismos de consolidação temporária da dívida externa brasileira com os bancos comerciais.

Todavia, as expectativas otimistas iniciais logo se frustra-
ram, pois o governo brasileiro não respeitou o previsto nas Car-
tas de Intenção enviadas ao FMI (no início de 1983 realizou
uma desvalorização de 30% da taxa de câmbio do cruzeiro e a
taxa anual de inflação, prevista para 70% — na verdade atingiu a 211% no final de 1983 —, logo se mostrou irreal), levando
a diretoria do Fundo, em maio, a suspender o desembolso de
novas parcelas do empréstimo ao país. A liberação das demais
parcelas dependeria de uma revisão do programa de estabilização.

O novo comitê assessor do FMI, que exerceu a supervisão e
o controle sobre a economia brasileira, conseguiu que houvesse
relativa estabilização nas linhas de crédito interbancário. No final
de 1983 o Congresso aprovou um plano de desindexação parcial
dos salários, recebeu o aval do FMI e pôde, com a liberação das
parcelas dos empréstimos até então retidos, começar a saldar os
pagamentos atrasados.

As exportações brasileiras alcançaram um bom desempe-
nho (US$ 21,9 bilhões em 1983 e US$ 27 bilhões em 1984), permitindo a reposição das reservas internacionais no país. No final
de 1984 o Brasil começou a negociar os US$ 52,1 bilhões do

O que é capitalismo

total da dívida de médio e longo prazo com os bancos estrangeiros a vencer entre 1985-1991.

Após alguns desentendimentos com a equipe econômica brasileira, o FMI resolveu aguardar a posse do Tancredo Neves (que deveria ocorrer em 15 de março de 1985) para a discussão do programa econômico a ser viabilizado. Entretanto, com a morte de Tancredo e a posse de José Sarney, as negociações Brasil-FMI mais uma vez entraram em compasso de espera, pois o novo governo se recusa a admitir o esquema de monitoramento de sua política econômica interna pelo Fundo.

Desde 1984, o Brasil mantinha um saldo da balança comercial pouco superior a US$ 1 bilhão por mês. Devido à política econômica do Plano Cruzado, esse saldo começou a diminuir a partir de maio de 1986: em agosto ainda era de US$ 950 milhões, em setembro caiu para US$ 544 milhões e, em outubro, tornou-se negativo, permanecendo nessa situação até o fim do ano. A tendência ao rápido esgotamento das reservas cambiais e as complexas relações com o FMI levaram o governo brasileiro à moratória, iniciada em fevereiro de 1987.

Nos anos imediatamente posteriores, observou-se um longo período de incertezas na economia brasileira, em que se tentou quase tudo com resultados pouco significativos: choques heterodoxos por meio do congelamento temporário de preços e salários; salários reajustados mensalmente por meio de alguns indicadores; retomada dos contatos com o FMI propondo alternativas inovadoras de renegociação; recomposição das reservas internacionais por meio de estímulos às exportações; redução do déficit público por meio da elevação da carga tributária; abandono dos choques econômicos e ataques ao déficit público, considerado o principal causador da elevação dos preços; privatização de várias empresas estatais; tentativa do estabelecimento de um pacto social, reunindo representantes do governo, dos empresários e dos trabalhadores.

Como a maioria dessas tentativas malogrou, a convivência incômoda com uma alta crescente dos níveis de preços tornou-se realidade, o dragão da inflação venceu a parada com muitos corpos de vantagem e o PIB quase a zero nos rondou constantemente.

Além disso, outro indicador seguro de que as coisas não andavam bem por aqui, e de que a dívida externa dificilmente seria paga, pode ser observado pelo comportamento dos papéis da dívida externa brasileira no mercado internacional: cotações próximas de 30 centavos por dólar não poderiam ser consideradas anormais.

Capitalismo no Brasil recente — as décadas de 1990 e 2000

Na esteira da derrocada do regime militar, a década de 1980 foi marcada, por um lado, por sucessivos planos econômicos que não lograram o êxito necessário para o restabelecimento do crescimento e a diminuição da inflação. Por outro, essa década também assistiu ao nascimento de novas formas de organização política dos trabalhadores e ao fortalecimento do movimento sindical crítico à estrutura oficial atrelada ao Estado.

Ao fim dos anos 1980, embora a Constituição de 1988 tenha garantido um importante conjunto de direitos aos trabalhadores e preservado o monopólio estatal em setores-chave da economia, o que se seguiu, a partir da década de 1990, foi um processo gradual de implementação das políticas neoliberais no país.

A eleição de Fernando Collor, em 1989, deu início a um amplo programa de reformas do Estado e da economia, que foi intensificado por Fernando Henrique Cardoso (FHC), de 1995 a 2002, e mantido, em sua essência, por Luiz Inácio Lula da Silva, de 2003 a 2010. Para D. Saes, o neoliberalismo criou um projeto hegemônico capaz de rearticular o bloco no poder que, por sua vez, buscava alternativas à crise do Estado desenvolvimentista.

Como indicado anteriormente, as políticas neoliberais baseiam-se em três ordens principais: a abertura comercial e financeira, as privatizações e as novas regulamentações jurídicas e econômicas, a partir de planos de estabilização baseados em juros altos. Dado o contexto de crise e endividamento da economia, as reformas surgiam como obrigações que os governos deveriam tomar como forma de se alinhar aos ditames da nova ordem neoliberal internacional e, assim, estarem aptos a receber capitais externos e empréstimos e financiamentos de instituições financeiras mundiais, como o FMI.

Já no governo Collor, medidas importantes foram tomadas nesse sentido. Uma delas foi a abertura comercial promovida pela redução ou eliminação de barreiras alfandegárias e diminuição de tarifas de importação que protegiam a produção interna. A outra foi a criação do Programa Nacional de Desestatização (PND), que privatizou empresas estatais dos setores de siderurgia (como a Usiminas), petroquímico e de fertilizantes. Avançou também na desestruturação do quadro de servidores públicos, ao fechar 22 entidades públicas e afastar 160 mil trabalhadores, dos quais 53 mil ficaram "em disponibilidade". Em relação aos planos econômicos, esses ainda levavam a marca de políticas intervencionistas, sendo caracterizados tanto pela desindexação da economia como pelo congelamento de preços e salários e confisco de ativos financeiros.

Collor renunciou após sofrer um processo de *impeachment* devido a denúncias de corrupção e improbidade administrativa. As consequências das políticas tomadas pelo seu governo, entre 1990 e 1992, consistiram em recessão econômica, crescimento do desemprego e desvalorização dos salários. Segundo os estudos de Filgueiras e Gonçalves, enquanto o PIB mundial nesse período cresceu 2,3%, o PIB brasileiro apresentou retração de 1,4%.

A rápida abertura comercial e financeira tornou a economia brasileira vulnerável aos capitais estrangeiros e desestruturou a produção interna, que sentiu fortemente a competição com as mercadorias e serviços externos. Para D. Martuscelli, ainda que em certo momento da crise política as frações da classe dominante tenham negado apoio a Collor, isto não representou uma crise do bloco no poder neoliberal ou mesmo do regime político inaugurado pela Constituição de 1988, mas uma crise de governo provocada pelo modo específico de acordo com o qual o governo Collor vinha implementando a política neoliberal.

As análises de D. Saes e Boito Jr. ajudam a entender esse processo, ao afirmarem que as três ordens da política neoliberal afetam de forma distinta as diferentes frações da classe dominante, bem como as classes dominadas.

No caso da classe dominante, se os interesses de todas as frações são contemplados pela redução dos custos da força de trabalho causado pela desregulamentação jurídica e econômica, não são todos os capitais que podem participar das privatizações e — o que pode gerar certos conflitos — alguns setores, como o industrial interno, são afetados pela abertura comercial e financeira e pela política de juros altos que, ao tentar diminuir a inflação, influenciam negativamente no crescimento econômico real.

O que é capitalismo 125

A fração que mais tem sido beneficiada pelo conjunto dessas políticas é a do capital financeiro. Contudo, esses possíveis conflitos internos não abalam o consenso mínimo de todas as frações da classe dominante em relação aos benefícios políticos e econômicos do neoliberalismo.

Assim, após certa inflexão promovida pelo governo Itamar Franco — que assumiu a presidência após o afastamento de Collor e, embora tenha indexado a economia, privatizou importantes empresas (como a Companhia Siderúrgica Nacional — CSN) —, o projeto neoliberal retorna mais consistente e estruturado com FHC que, ainda enquanto ministro da economia de Itamar, lança o Plano Real e se elege presidente da República no fim de 1994. A famosa frase de FHC em um discurso ainda no Senado — "é preciso por fim à era Vargas" — tornou-se emblemática para expressar as mudanças que estavam em jogo.

Embora não atendesse a algumas recomendações do FMI, o Plano Real tinha por objetivo, sobretudo, conquistar a estabilização econômica a partir de uma política monetária restritiva, cujo objetivo principal era diminuir drasticamente a inflação no país.

A partir das explicações de L. Belluzzo e J. Almeida, é possível afirmar que, para criar a confiança necessária no mercado externo, o plano seguiu à sua maneira a linha traçada pelo que ficou conhecido como "Consenso de Washington", segundo o qual as economias nacionais deveriam estabilizar os preços para estimular investimentos privados, promover a abertura comercial para aumentar a concorrência, privatizar e promover o investimento externo para "modernizar" a produção e permitir a liberalização cambial.

No início, o mecanismo que impedia a elevação dos preços, a chamada "âncora", se efetivou principalmente a partir do câmbio, que mantinha o real próximo ao dólar. Depois da crise de 1999, foram principalmente a âncora monetária (taxa de juros) e a fiscal (superávit primário) que estabilizaram os preços.

Vários economistas e pesquisadores ressaltam que a diferença entre o êxito do Plano Real no combate à inflação e o fracasso dos planos da década de 1980 se deve principalmente a condições históricas e políticas específicas de meados dos anos de 1990, tanto no Brasil como no exterior.

Internamente, o país havia renegociado a dívida externa e apresentava dívida interna reduzida devido aos confiscos do Plano Collor. Mas, haja vista a vulnerabilidade da economia brasileira frente às condições internacionais, o elemento decisivo foi mesmo a abundância de recursos financeiros externos. Como em boa parte do mundo as taxas de juros eram reduzidas, o país encontrava facilmente capitais interessados nos papéis emitidos pelo governo a juros astronômicos.

As contrapartidas que o governo FHC deveria tomar para que a moeda nacional fosse sustentada se efetivaram já nas primeiras ações de seu governo, iniciado em 1995, com várias propostas de Emendas Constitucionais. Desde então, até o fim do primeiro mandato em 1998, os monopólios do Estado (como das telecomunicações, petróleo, recursos naturais) foram quebrados.

A abertura comercial e financeira seguiu a passos largos. Eliminou-se a diferença entre empresas brasileiras de capital nacional e empresas brasileiras de capital estrangeiro, ambas reconhecidas, indistintamente, como empresas brasileiras. O "enxugamento" da máquina pública ganhou intensidade e as primeiras medidas de reformas da previdência e trabalhista passaram a ser discutidas e, gradualmente, implementadas.

Importantes empresas estatais e bancos foram privatizados, como as empresas de telefonia do Sistema Telebrás e a Vale do Rio Doce. De 1991 a 2002, 165 empresas foram privatizadas no país, pertencentes à União, Estados e municípios, sendo arrecadados mais de US$ 100 bilhões. O período de maior intensidade ocorreu entre 1997 e 1999, durante o primeiro mandato de FHC, no qual também se iniciou a venda de instituições financeiras, 48 somente nesses três anos.

Um balanço do processo pode ser encontrado nos trabalhos de A. Biondi, nos quais o autor destaca que o montante arrecadado deve ser relativizado, tendo em vista que, em muitos casos, grandes investimentos do Estado eram feitos antes das vendas e as empresas poderiam valer muito mais do que era conseguido nos leilões.

A esse quadro é fundamental acrescentar as profundas modificações pelas quais as empresas situadas no país vinham passando. Segundo R. Antunes, foi na década de 1990 que o movimento de reestruturação produtiva se desenvolveu de forma mais intensa e generalizada. Junto à aplicação de novas tecnologias, aos poucos a reorganização do trabalho aproximou-se do ideário da "acumulação flexível", com a intensificação da produção enxuta, da redução de estoques, redução do número de trabalhadores estáveis e aumento indiscriminado de terceirizações.

O processo deflagrou uma descentralização da produção dentro do país, com as empresas em busca de custos reduzidos de força de trabalho. A junção do processo de reestruturação produtiva com a execução das reformas neoliberais atingiu duramente os movimentos sindicais que, em sua maioria, passaram a ações menos conflitivas e de diálogo e negociação com o patronato.

Outra importante consequência do conjunto de medidas colocadas em prática nos oito anos do governo FHC foi a mudança do financiamento da economia brasileira, que originou um decréscimo relativo da dívida externa e a explosão da dívida interna. Essa lógica se deu da seguinte maneira: como o governo, nos primeiros anos do Plano Real, insistiu na valorização do real ante o dólar ("âncora cambial"), as importações crescerem em níveis muito superiores às exportações, o que gerou déficits na balança comercial e nas transações correntes como um todo.

Assim, o governo precisou equilibrar as contas e fez isso por meio do lançamento de títulos da dívida pública no mercado financeiro com os juros elevados. Mas esse tipo de troca de financiamento tem um detalhe: a dívida interna tem prazos menores e taxas mais elevadas que a externa. Embora a dívida possa ser usada para investimentos reais, a remuneração exorbitante pelo governo dos capitais que participam dessa ciranda financeira tem trazido enormes malefícios ao país, pois as economias que precisam ser feitas para pagar juros e encargos da dívida interna comprometem os gastos públicos e afetam, por exemplo, os serviços de educação e saúde.

Dívida Líquida do Setor Público (governos FHC I e II + Lula I)

Ano	Dívida Total (DLSP) R$ bilhões	% PIB	Dívida Interna R$ bilhões	% PIB	Dívida Externa R$ bilhões	% PIB
1994	153,2	30	108,8	21,3	44,4	8,7
1998	385,9	38,9	328,7	33,2	57,2	5,8
2002	881,1	50,5	654,3	37,5	226,8	13
2006	1.067,40	44,9	1.130,90	47,6	-63,5	-2,7

Fonte: BC apud Filgueiras e Gonçalves

O que é capitalismo   129

Em que pese o controle da inflação, o resultado dessas políticas ao longo dos mandatos de FHC foram o aumento do desemprego e a inibição do crescimento econômico. A média do crescimento do PIB durante seus oito anos de governo foi de apenas 2,2%. A desigualdade social, com discreta queda em alguns anos, permaneceu praticamente inalterada. A informalidade do emprego explodiu, atingindo mais da metade da força de trabalho. A abertura comercial e o aumento das importações fragilizaram enormemente a produção nacional, com queda significativa do peso da indústria no PIB — se, em 1986, representava 32,1% do PIB, em 1998 esse índice era de 19,7%, o que gerou impactos negativos na balança comercial, deficitária de 1995 a 2000.

Essa tendência somente foi alterada a partir de 2001, devido ao aumento expressivo das exportações de produtos primários ou semimanufaturados, de baixa intensidade tecnológica. São vários os pesquisadores que têm alertado sobre uma tendência de reprimarização das exportações e possível desindustrialização do país.

Foi nesse contexto, de desacordo popular com as consequências econômicas dessas políticas, que Lula foi eleito. Contudo, não houve, ao longo de seus dois mandatos (2003-2010), uma mudança estrutural das políticas macroeconômicas do país, já que se mantiveram inalterados os fundamentos das medidas da década anterior para contenção da inflação e "estabilização" da economia.

Desde as eleições de 2002, diversas garantias foram dadas ao mercado e ao capital financeiro, reunidas desde a "Carta ao povo brasileiro", de que não haveria mudança da linha econômica: mantinham-se, então, o superávit primário, juros altos e câmbio flutuante. Em outras palavras, não haveria riscos de que a dívida não pudesse ser paga, a despeito do ônus que ela traz ao conjunto da população. Na arena da política institucional, sua base de sustentação foi boa parte das mesmas lideranças conservadoras de outros governos.

A dívida interna continua a crescer, embora haja variação de seu montante em relação ao PIB. Hoje, como o país tem reservas em moeda estrangeira maiores do que as dívidas contraídas nessas moedas, a dívida externa deixou de ser um "problema", tal como nos anos de 1980. Entretanto, segundo Filgueiras e Gonçalves, nos dois mandatos de FHC e no primeiro de Lula, foi propiciado ao capital financeiro o montante de R$ 1 trilhão em juros da dívida pública. Entre 1995-2006, os superávits primários acumularam R$ 489,8 bilhões, mas a dívida continua a aumentar em mais de R$ 900 bilhões. Em 2009, a dívida bruta (total das dívidas federais, estaduais, municipais e operações do Banco Central) chegou a quase R$ 2 trilhões — 62,9% do PIB, segundo números do BC.

Dívida Líquida do Setor Público (governo Lula II)

Ano	Dívida	
	R$ bilhões	% PIB
2007	1.200,80	45,1
2008	1.153,63	38,4
2009	1.345,33	42,8

Fonte: BC

A venda das grandes empresas estatais cessou no governo Lula, o que não caracterizou, contudo, um refluxo da lógica neoliberal, já que contrarreformas foram levadas adiante, como a da previdência. O fato de as exportações de produtos

O que é capitalismo 131

primários salvarem as contas externas em quase todos esses anos, o que possibilitou superávit das transações correntes até 2007, fez com que o agronegócio fosse incentivado no país, limitando duramente o atendimento a reivindicações de movimentos sociais que apoiam o governo, como as do movimento dos sem-terra.

Sem modificar a base econômica por conta dos compromissos com o capital financeiro, restou ao governo ampliar políticas sociais compensatórias, ainda na esteira da lógica liberal de "focalização" de recursos, em detrimento da prestação universal desses serviços. O programa mais expressivo, nesse sentido, foi o Bolsa-Família.

Mas o significado do governo Lula tem sido alvo de muitas análises ainda em andamento, principalmente por conta de certas mudanças que vieram a ficar mais visíveis no seu segundo mandato. Após a chamada "crise do mensalão", o governo apostou em algumas medidas para reativar o mercado interno e desenvolver de forma mais acentuada a infraestrutura do país. São exemplos disso a liberação maior de recursos para o crédito consignado (iniciado em 2003), o Programa da Aceleração do Crescimento (PAC) e aumentos reais do salário mínimo.

Esses, dentre outros fatores, possibilitaram um saída menos conturbada da crise internacional que se abateu a partir de 2008 e propiciaram uma melhora de índices sociais e econômicos. A geração de empregos foi maior do que na era FHC e, entre 2003 e 2009, mais de 30 milhões de pessoas elevaram seu padrão de renda e entraram no que certos institutos de pesquisa chamam de "classe C" — pessoas cuja renda familiar varia de 2 a 8 salários mínimos, aproximadamente, embora haja muitas controvérsias sobre tais critérios.

O debate, certamente, é controverso e seria necessária uma discussão bastante detalhada sobre as mudanças e permanências do governo em cada setor do país, como saúde, educação, ciência e tecnologia, acesso à terra e à moradia, lutas por ações afirmativas, direitos das mulheres etc.

Por um lado, algumas pesquisas indicam que se desenha uma espécie de neodesenvolvimentismo, em que se tenta construir certo consenso entre empresários nacionais e os trabalhadores que estão organizados nos sindicatos atrelados ao governo. Nos últimos anos, vê-se que o governo Lula, especialmente por meio do BNDES, tem financiado grandes grupos internos na tentativa de fomentar os chamados "campeões nacionais" para competir no país e no exterior. Algumas regras com viés protecionista voltam à baila e se rearticulam posições internas voltadas para a produção nacional menos dependente. A história e as características pessoais do presidente são usadas como forma de criar um sentimento de "concertação" social.

Por outro lado, esse formato é distinto do modelo desenvolvimentista tradicional, porque se pauta mais no mercado externo, na produção de bens primários e seu crescimento é limitado pelas imposições da lógica financeira. Ademais, é preciso ressaltar que importantes reivindicações dos trabalhadores são rebaixadas nesse contexto de "negociação" geral. Algumas medidas tomadas tiveram efeitos positivos bastante concretos para a vida da população como um todo, o que não significa, necessariamente, mudança estrutural do modelo herdado de governos neoliberais predecessores.

Assim, para vários autores, essas medidas não alteram o teor central do governo Lula, de manutenção, em patamares diferenciados, da ofensiva neoliberal orientada pelos compromissos com os grandes grupos monopolistas e o capital financeiro. Mesmo o apoio a grupos nacionais revelaria um caráter privatista velado, pois reforça a concentração de mercado.

Nessa perspectiva, um exemplo pode ser dado com a questão da desigualdade. A elevação da renda dos mais pobres fez com que se constatasse queda da desigualdade social, medida pelo coeficiente de Gini. Pelos dados da PNAD do IBGE, em 2002, o índice era de 0,56, sendo que, em 2009, houve queda para 0,51. Porém, esses dados não conseguem captar os efetivos ganhos do capital, nas suas mais variadas formas. Dada a política econômica do governo, é bem provável que os lucros do capital tenham aumentado em níveis muito mais elevados do que a renda dos trabalhadores em geral, fazendo com que, no fim das contas, a desigualdade possa ter se elevado nesse mesmo período.

Outro aspecto fundamental é a imensa precariedade que ainda existe para grande parte da força de trabalho brasileira, que ou está pressionada pelas consequências da flexibilização (terceirização, subcontratação, contratos temporários etc.) ou sofre as consequências do trabalho informal ou do subemprego. Precariedade do trabalho que se apresenta, assim, como o reverso da "modernização" do capitalismo brasileiro.

Independentemente das avaliações feitas, é possível afirmar que um dos legados do governo Lula é um modelo social e econômico que, embora contemple certos anseios populares, orienta-se por uma tentativa de renovação do capitalismo brasileiro que se mostra ainda muito dependente, isto é, bastante vulnerável às condições externas do mercado e aos padrões tecnológicos estrangeiros. Assim, um dos grandes desafios para o futuro é saber de que forma as organizações dos trabalhadores e os movimentos sociais populares conseguirão romper a lógica do consentimento e construir, de maneira autônoma, a sua própria plataforma de lutas.

INDICAÇÕES PARA LEITURA

Há muitos livros e artigos que podem ser indicados acerca do tema capitalismo, quer sobre o capitalismo em geral, quer sobre o desenvolvimento do capitalismo no Brasil.

Inicialmente, comecemos pelos clássicos, isto é, por Marx e por Weber. *O Capital* (há edição recente, da Editora Abril) e *Formações econômicas pré-capitalistas* (Paz e Terra, 1977), ambos de Karl Marx, são fundamentais. O mesmo pode ser dito de *Historia económica general* (México: Fondo de Cultura Económica, 4ª ed., 1964) e de *La ética protestante y el espíritu del capitalismo* (Barcelona: Ediciones Península, 2ª ed., 1973), ambas de Max Weber e também com edições em português.

Alguns trabalhos de comentaristas de Marx e de Weber, bem como textos que exploram de maneira didática o tema do capitalismo, são de fácil acesso aos leitores brasileiros. Merecem destaque os seguintes: Reinhard Bendix, *Max Weber: um perfil intelectual* (Brasília: UnB, 1986); V. I. Lenin, "Karl Marx (breve nota biográfica com uma exposição do marxismo)", *in* Lenin, V. I,

Obras escolhidas, vol. I (São Paulo: Alfa-Ômega, 1978); Maurice Dobb, *Capitalismo, ontem e hoje* (Lisboa: Stampa, 4ª ed., *19*); Colectivo da Universidade de Berlim, *Guia para a leitura do Capital* (Lisboa: Antídoto, 1978); Josep Maria Figueras, *Qué es el capitalismo* (Barcelona: La Gaya Ciencia, 1976); Roberto Schwarz, *Didatismo e literatura* (um folheto de Bertha Dunkel), *in* Schwarz, R., *O pai de família e outros estudos* (Rio de Janeiro: Paz e Terra, 1978).

Sobre o desenvolvimento do capitalismo no Brasil, o livro de João Manuel Cardoso de Mello, *O capitalismo tardio* (São Paulo: Brasiliense, 1982 — há várias edições posteriores), é de leitura indispensável — e, conforme dissemos em páginas anteriores, nosso livro baseia-se, para o caso brasileiro, principalmente nas hipóteses e discussões desenvolvidas por Cardoso de Mello. Igualmente merecem destaque, por serem já considerados clássicos, os trabalhos de Caio Prado Jr., *História econômica do Brasil* (São Paulo: Brasiliense, 13ª ed., 1970), e de Celso Furtado, *Formação econômica do Brasil* (São Paulo: Cia. Ed. Nacional, 15ª ed., 1977).

Acerca da industrialização brasileira, merecem destaque, entre outros, os livros de Sérgio Silva, *Expansão cafeeira e origens da indústria no Brasil* (São Paulo: Alfa-Ômega, 1976); de Nícia Vilela Luz, *A luta pela industrialização no Brasil* (São Paulo: Alfa-Ômega, ed., 1978); de Warren Dean, *A industrialização de São Paulo* (São Paulo: DIFEL, 1971); de Maria da Conceição Tavares, *Da substituição de importações ao capitalismo financeiro* (Rio de Janeiro: Zahar, 3ª ed., 1974), e o de Wilson Suzigan, *Indústria brasileira: origem e desenvolvimento* (São Paulo: Brasiliense, 1986).

Alguns outros trabalhos, também considerados clássicos, iluminam aspectos relevantes da sociedade brasileira, tais como o de Maria Sylvia de Carvalho Franco, *Homens livres na ordem escravocrata* (São Paulo: Ática, 1974), o de Emília Viotti da Costa, *Da colônia à senzala* (São Paulo: DIFEL, 1966), e o de Fernando Henrique Cardoso, *Mudanças sociais na América Latina* (São Paulo: DIFEL, 1969 — ensaio "Condições sociais da industrialização: o caso de São Paulo").

Acerca do desenvolvimento econômico brasileiro nos últimos tempos, ver Francisco de Oliveira, *A economia da dependência imperfeita* (Rio de Janeiro: Graal, 1977); João Manuel Cardoso de Mello e Luiz Gonzaga de Mello Belluzzo, *Reflexões sobre a crise atual, in Escrita/Ensaio* (n° 2, São Paulo: Vertente, 1977); Amauri G. Bier, Leda Paulani e Roberto Messenberg, *O heterodoxo e o pós-moderno: o cruzado em conflito* (Rio de Janeiro: Paz e Terra, 1987); Francisco de Oliveira, *A metamorfose do Frankenstein, in Revista de Economia Política* (n° 26, vol. 7, n° 2, abril-junho, 1987). Um interessante artigo, analisando os aspectos políticos à época do Plano Cruzado, é o de José Chasin, *A miséria da república dos cruzados, in Revista Ensaio* (n°s 15-16, Ensaio, 1986).

Acerca da dívida externa brasileira, há alguns livros e artigos cuja leitura é indispensável: Alkimar Ribeiro Moura, *A questão da dívida externa brasileira* (São Paulo: Brasiliense, 1985); Paulo Davidoff Cruz, *Dívida externa e política econômica: a experiência brasileira nos anos setenta* (São Paulo: Brasiliense, 1984); Pérsio Arida (org.), *Dívida externa, recessão e ajuste estrutural: o Brasil diante da crise* (Rio de Janeiro: Paz e Terra, 1982); Edmar L. Bacha, *Entre a acomodação e o confronto: os dilemas da negociação da dívida externa brasileira, 1983-1987, in Revista de Economia Política* (n° 30, vol. 8, n° 2, abril-junho 1988).

REFERÊNCIAS BIBLIOGRÁFICAS

ANTUNES, Ricardo (Org.). *Riqueza e miséria do trabalho no Brasil*. São Paulo: Boitempo, 2002.

BELLUZZO, Luiz; ALMEIDA, Júlio. *Depois da queda*: a economia brasileira da crise da dívida aos impasses do Real. Rio de Janeiro: Civilização Brasileira, 2002.

BIHR, Alain. *Da grande noite à alternativa*: o movimento operário europeu em crise. São Paulo: Boitempo, 1999.

BIONDI, Aloysio. *O Brasil privatizado*: um balanço do desmonte do Estado. São Paulo: Perseu Abramo, 2001.

BOITO JR., Armando. *Política neoliberal e sindicalismo no Brasil*. São Paulo: Xamã, 1999.

CHESNAIS, François. *A mundialização do capital*. São Paulo: Xamã, 1996.

DUMÉNII, Gérard e LÉVY, Dominique. O imperialismo na era neoliberal. *Revista Crítica Marxista*, n. 18, 2004.

FILGUEIRAS, Luiz; GONÇALVES, Reinaldo. *A economia política do governo Lula*. Rio de Janeiro: Contraponto, 2007.

GALVÃO, Andreia. *Neoliberalismo e reforma trabalhista no Brasil*. Rio de Janeiro: Revan e FAPESP, 2007.

HARVEY, David. *O novo imperialismo*. São Paulo: Loyola, 2004.

KLEIN, Naomi. *Sem logo*. São Paulo: Boitempo, 2006.

LIPIETZ, Alain. *Audácia*: uma alternativa para o século 21. São Paulo: Nobel, 1991.

MARTUSCELLI, Danilo Enrico. A crise do governo Collor e a tática do PT. Dissertação de Mestrado. Campinas, IFCH, Unicamp, 2005.

MÉSZÁROS, István. *Para além do capital*. São Paulo: Boitempo; Campinas: Editora da Unicamp, 2002.

NOVELLI, José Marcos. Inflação e desinflação: coalizões, conflitos e instituições no Brasil e em outros países. Tese de Doutorado. Campinas, IFCH, Unicamp, 2007.

SAES, Décio. *República do capital*. São Paulo: Boitempo, 2001.

SOBRE OS AUTORES

Afrânio Mendes Catani é Bacharel em Administração Pública pela Fundação Getúlio Vargas (São Paulo). Mestre e Doutor em Sociologia pela FFLCH-USP. Foi professor na Fundação Getúlio Vargas (1976-80), na Unesp, Campus de Araraquara (1980-85) e na Unicamp (1985-87). Desde o final de 1986, é professor na Faculdade de Educação da USP.

Publicou inúmeros artigos e comentários de livros, em diversos veículos, entre eles: *Revista de Administração de Empresas (RAE), Folha de S. Paulo, Leia, Movimento, Filme-Cultura, Sala de Aula, Cultura* e *Caderno 2* (de *O Estado de S. Paulo), Jornal da Tarde, Isto É, D. O. Leitura, Revista Brasileira de Estudos Pedagógicos, Educação Brasileira*. Publicou dois outros livros pela Brasiliense: *O que é imperialismo* (1981) e *A chanchada no cinema brasileiro* (com J. Inácio de M. Souza, 1983). Escreveu um longo texto sobre o cinema industrial paulista (anos 30, 40 e 50), inserido em Fernão Ramos (Org.), *História do cinema brasileiro* (Art Editora, 1987); o artigo "La chanchada en el cine brasileño", com J. Inácio de Melo Souza, in Silvia Oroz (Org.), *Cine latinoamericano: Anõs 30-40-50* (México, Univ. Nacional Autónoma de México, 1990), bem como o livro *A educação nas constituições estaduais brasileiras* (com Romualdo Portela de Oliveira, Cortez Editora, 1993).

Adilson Marques Gennari é Bacharel e Mestre em Ciências Econômicas pela Pontifícia Universidade Católica de São Paulo (PUC-SP). Doutorando junto ao Instituto de Filosofia e Ciências Humanas (IFCH) da Unicamp. Atualmente, é professor do Departamento de Economia da Unesp, Campus de Araraquara.

Sávio Cavalcante é doutorando em Sociologia pela Universidade Estadual de Campinas (Unicamp). Autor do livro *Sindicalismo e privatização das telecomunicações no Brasil* (São Paulo: Expressão Popular, 2009), resultado de sua dissertação de mestrado em sociologia na mesma universidade. De 2006 a 2010, foi professor colaborador do Departamento de Ciências Sociais da Universidade Estadual de Londrina (UEL-PR).

Coleção Primeiros Passos
Uma Enciclopédia Crítica

ABORTO
AÇÃO CULTURAL
ACUPUNTURA
ADMINISTRAÇÃO
ADOLESCÊNCIA
AGRICULTURA SUSTENTÁVEL
ALCOOLISMO
ALIENAÇÃO
ALQUIMIA
ANARQUISMO
ANGÚSTIA
APARTAÇÃO
APOCALIPSE
ARQUITETURA
ARTE
ASSENTAMENTOS RURAIS
ASTROLOGIA
ASTRONOMIA
BELEZA
BIBLIOTECA
BIOÉTICA
BRINQUEDO
BUDISMO
BUROCRACIA
CAPITAL
CAPITAL FICTÍCIO
CAPITAL INTERNACIONAL
CAPITALISMO
CIDADANIA
CIDADE
CINEMA
COMPUTADOR
COMUNICAÇÃO
COMUNICAÇÃO EMPRESARIAL
CONTO
CONTRACEPÇÃO
COOPERATIVISMO
CORPOLATRIA
CULTURA
CULTURA POPULAR
DARWINISMO
DEFESA DO CONSUMIDOR
DEFICIÊNCIA
DEMOCRACIA
DEPRESSÃO
DESIGN
DIALÉTICA
DIPLOMACIA
DIREITO
DIREITOS DA PESSOA
DIREITOS HUMANOS
DIREITOS HUMANOS DA
  MULHER
DRAMATURGIA
ECOLOGIA
EDUCAÇÃO
EDUCAÇÃO AMBIENTAL
EDUCAÇÃO FÍSICA
EDUCACIONISMO
EMPRESA
ENFERMAGEM
ENOLOGIA

Coleção Primeiros Passos
Uma Enciclopédia Crítica

ESCOLHA PROFISSIONAL
ESPORTE
ESTATÍSTICA
ÉTICA
ÉTICA EM PESQUISA
ETNOCENTRISMO
EVOLUÇÃO DO DIREITO
EXISTENCIALISMO
FAMÍLIA
FANZINE
FEMINISMO
FILOSOFIA
FILOSOFIA MEDIEVAL
FILOSOFIA CONTEMPORÂNEA
FÍSICA
FMI
FOLCLORE
FOME
FOTOGRAFIA
FUTEBOL
GASTRONOMIA
GEOGRAFIA
GOLPE DE ESTADO
GRAFFITI
GRAFOLOGIA
HIEROGLIFOS
HISTÓRIA
HISTÓRIA DA CIÊNCIA
HOMEOPATIA
HOMOSSEXUALIDADE
IDEOLOGIA

IMAGINÁRIO
IMPERIALISMO
INDÚSTRIA CULTURAL
INTELECTUAIS
ISLAMISMO
JAZZ
JORNALISMO
JORNALISMO SINDICAL
JUDAÍSMO
LAZER
LEITURA
LESBIANISMO
LIBERDADE
LINGUÍSTICA
LITERATURA INFANTIL
LITERATURA DE CORDEL
LOUCURA
MAIS-VALIA
MARKETING
MARXISMO
MEDIAÇÃO DE CONFLITOS
MEIO AMBIENTE
MENOR
MÉTODO PAULO FREIRE
MITO
MORAL
MORTE
MÚSICA
MÚSICA BRASILEIRA
MÚSICA SERTANEJA
NATUREZA

Coleção Primeiros Passos
Uma Enciclopédia Crítica

- NAZISMO
- NEGRITUDE
- NEUROSE
- NORDESTE BRASILEIRO
- OLIMPISMO
- PARTICIPAÇÃO
- PARTICIPAÇÃO POLÍTICA
- PATRIMÔNIO CULTURAL IMATERIAL
- PATRIMÔNIO HISTÓRICO
- PEDAGOGIA
- PESSOAS DEFICIENTES
- PODER
- PODER LOCAL
- POLÍTICA
- POLÍTICA SOCIAL
- POLUIÇÃO QUÍMICA
- PÓS-MODERNO
- POSITIVISMO
- PRAGMATISMO
- PSICOLOGIA
- PSICOLOGIA SOCIAL
- PSICOTERAPIA
- PSICOTERAPIA DE FAMÍLIA
- PSIQUIATRIA FORENSE
- PUNK
- QUESTÃO AGRÁRIA
- QUÍMICA
- RACISMO
- REALIDADE
- RECURSOS HUMANOS
- RELAÇÕES INTERNACIONAIS
- REVOLUÇÃO
- ROBÓTICA
- SEGURANÇA DO TRABALHO
- SEMIÓTICA
- SERVIÇO SOCIAL
- SOCIOLOGIA
- SOCIOLOGIA DO ESPORTE
- SUBDESENVOLVIMENTO
- TARÔ
- TAYLORISMO
- TEATRO
- TELENOVELA
- TEORIA
- TOXICOMANIA
- TRABALHO
- TRABALHO INFANTIL
- TRADUÇÃO
- TRÂNSITO
- TRANSEXUALIDADE
- TROTSKISMO
- UNIVERSIDADE
- URBANISMO
- VELHICE
- VEREADOR
- VIOLÊNCIA
- VIOLÊNCIA CONTRA A MULHER
- VIOLÊNCIA URBANA
- XADREZ